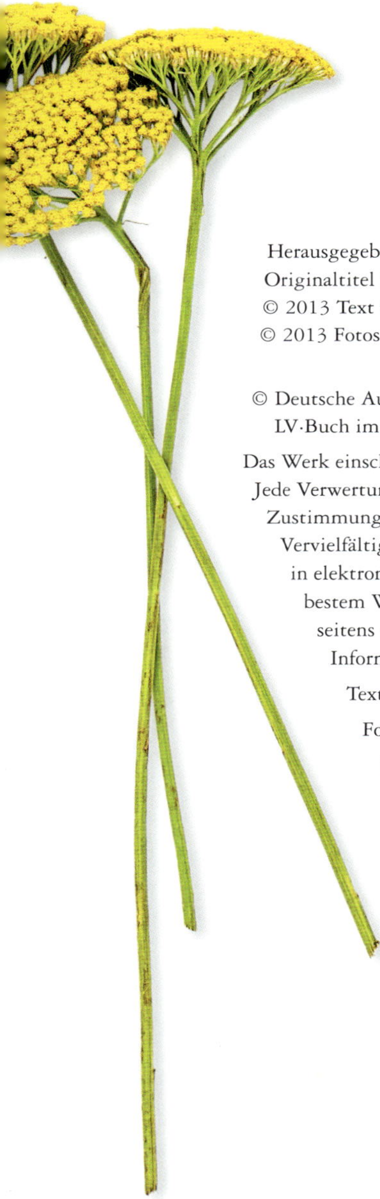

Herausgegeben 2013 von QUARRY BOOKS
Originaltitel The Home Apothecary

Text: Stacey Dugliss-Wesselmann

Fotos: Chris Pinkus Wesselmann

Übersetzung: Maria Heyne (www.mariaheyne.de)

Korrektorat: Anja Neudert (www.text-matters.de)

Gestaltung: Rita Sowins, Sowins Design

Titelgestaltung: Nina Eckes (www.nina-eckes.de)

ISBN 978-3-7843-5359-3

LV·Buch
Wir lieben das Landleben.

Natürlich
schön & ausgeglichen

Selbstgemachtes für Körper und Seele

* Stacey Dugliss-Wesselman *

INHALT

Teil 2:
Heilkräuterzubereitungen und Rezepte ... 64

Einleitung

Produkte mit natürlichen Inhaltsstoffen sind heute aus meinem Leben gar nicht mehr wegzudenken, auch wenn dies nicht immer der Fall war. Die Natur fasziniert mich schon seit ich denken kann. Als Teenager hatte ich dann keine Einkaufsmöglichkeit in unmittelbarer Nähe und begann deshalb, in der Küche Last-Minute-Kosmetikrezepte selbst zu mischen. Obwohl das nicht immer so gelang, wie ich es mir vorgestellt hatte, lernte ich schnell, dass das Selbermachen von Kosmetik nicht nur kostengünstig und praktisch, sondern auch ungemein befriedigend sein kann. Es erschien mir fast wie Zauberei, dass ich natürliche Inhaltstoffe so mischen konnte, dass sie ihre Heilkraft entfalteten.

Die Liebe zur Naturkosmetik entdeckte ich viele Jahre später aus der Not heraus wieder. Ich wohnte in New York City und innerhalb kürzester Zeit wurde meine bis dahin unkomplizierte Haut zum Problemfall. Ich bekam Akne und keines der Produkte, die ich ausprobierte, konnte mir helfen. Zunehmend frustriert über mein beschämendes Hautbild begann ich, mich gründlich zum Thema Hautpflege zu belesen. Mein Interesse an der Kosmetikherstellung wurde so erneut geweckt und ich konnte mich wieder für die Heilkraft von Kräutern begeistern. Zunächst mischte ich gekaufte Produkte mit ätherischen Ölen – meine Haut zeigte allerdings erst radikale Besserung, als ich begann, Produkte vollständig selbst herzustellen. Zu etwa derselben Zeit begann ich meine Karriere als Friseurin und stellte fest, dass viele meiner Kunden ähnliche Probleme und Vorbehalte bezüglich der Pflege von Haut und Haar hatten. So begann ich, für meine Kunden Kosmetikmischungen herzustellen und stieß dabei auf begeisterte Resonanz. Also kündigte ich irgendwann meinen Job, zog aus der Stadt in das Hudson Valley und widmete mich zwei Jahre lang gänzlich dem Erlernen der Kosmetikherstellung und der Entwicklung eigener Produkte. Daraus entwickelte sich schließlich meine Firma, die Cold Spring Apothecary.

Ich liefere Ihnen in diesem Buch die Grundlagen für die Naturkosmetikherstellung. Vielleicht werden Sie feststellen, dass Ihnen nicht jedes Rezept auf Anhieb gelingt, doch mit der Zeit wird Ihnen die Kosmetikherstellung immer leichter fallen und Sie können damit beginnen, die Inhaltsstoffe selbst auszuwählen und zu kombinieren. Alle Grundrezepte in diesem Buch können Sie ganz nach Ihren Ansprüchen und Wünschen variieren. Ich empfehle Ihnen, so viel wie nur möglich zum Thema zu recherchieren – zum Thema Naturkosmetik gibt es zahlreiche interessante Bücher und Materialien. So werden Sie noch viele andere Grundrezepte finden und bald Ihre eigenen Kosmetikrezepte kreieren.

Teil 1

Werden Sie zum Heilkräuterexperten

„Und mache daraus ein Öl der heiligen Salbung,
eine Mischung von Gewürzsalbe, ein Werk des Salbenmischers,
es soll ein Öl der heiligen Salbung sein."

(Die Bibel, Exodus 30:35)

150
100
50

Date
M. D.
Date

> Kapitel 1 <

Die Kunst des Salbenmischens

Das Salbenmischen war einst eine Handwerkskunst, die nicht jeder beherrschte. Salbenmischer kombinierten verschiedene Inhaltsstoffe so, dass daraus wirksame Heilmittel entstanden. Die Anwendung von Kräutern zur Steigerung von Gesundheit und Wohlbefinden ist keine Erfindung unserer Zeit. Trotz cleverer Marketingstrategien der Kosmetikhersteller und der Fülle konventioneller Produkte im Handel finden wir heute nach und nach zu den Kräften der Natur zurück.

Die Geschichte der Heilkräuterkunde

Die Heilkräuterkunde setzt pflanzliche und mineralische Inhaltsstoffe ein, um verschiedene Beschwerden zu behandeln. Steintafeln mit Kräuterrezepten zur Behandlung verschiedener Beschwerden zeigen, dass die Verwendung von Kräutern, Ölen und Mineralien schon im Jahr 2250 vor unserer Zeitrechnung gebräuchlich war. Später kamen auch tierische Inhaltsstoffe dazu. Wahrscheinlich aus Notwendigkeit und durch einige glückliche Zufälle hatte man begonnen, sich die Kräfte der Natur zu Heilungszwecken zunutze zu machen. So konnte beispielsweise ein Blatt mit betäubender Wirkung den Schmerz einer leichten Verbrennung lindern. Das Beobachten von krank erscheinenden Tieren, die instinktiv bestimmte Pflanzen fraßen, könnte zur Anwendung magenbesänftigender Kräuter geführt haben. Mit der Zeit – und nach zahlreichen mehr oder weniger erfolgreichen Anwendungsversuchen – lernte man, dass bestimmte Pflanzen halluzinogene, schmerzlindernde, antibakterielle oder abführende Wirkung haben.

Mit zunehmendem Wissen um die Heilkraft der Natur entstand schließlich die Kunst der Heilkräuterkunde. In verschiedenen Kulturen wurden über Generationen hinweg Heilrezepturen überliefert. Kräuter und Mineralien mischte man nun zu Tinkturen, Tränken, medizinischem Wein, Packungen, Cremes und Salben zur inneren und äußeren Anwendung. Zu den Rezepten kamen mystizistische und astrologische Einflüsse – Medizinmänner, Salbenmischer und Schamanen waren dafür bekannt, mit der Kraft der Natur zu behandeln, und Kräuterkenner kombinierten pflanzliche Wirkstoffe gern mit astrologischen Überlieferungen. Heilkräuterkenner wurden bald zu Gärtnern – sie spezialisierten sich nicht mehr nur auf die Verwendung von Pflanzen, sondern auch auf die Einflüsse der Erde, des Mondzyklus und des Regens auf die Heilkraft dieser Pflanzen.

Traditionell wurden Heilkräuter vor allem von Frauen verarbeitet. Für sie war die Kräuterkunde ein wichtiger Bestandteil des alltäglichen Lebens und sie versorgten oft nicht nur die eigene Familie, sondern das ganze Dorf mit Heilkräutern. Dennoch waren es Männer, die das Kräuterwissen und heilende Rezepte über Generationen weitertrugen – und daher werden Männern auch häufig die Erfolge der Heilkräuterkunde zugeschrieben.

Die Kunst der Heilkräuterkunde entwickelte sich mit den Möglichkeiten der Zeit weiter und wurde immer mehr zur Wissenschaft. Bald waren Salbenmischer hoch angesehene Persönlichkeiten, vergleichbar mit Ärzten in unserer Zeit. Sie wendeten ihr Kräuterwissen immer vielseitiger an und behandelten damit erfolgreich diverse Leiden. Von Alchemisten übernahmen sie chemische Prozesse, welche die Kräutermischungen ergänzten. Schließlich verkauften sie Parfüm und Tabak in kleinen Läden und diagnostizierten gelegentlich sogar Krankheiten.

Mit fortschreitender Entwicklung der Medizin änderte sich jedoch die Rolle der Salbenmischer und Kräuterexperten, denn die Behandlung und Diagnostik von Krankheiten wurde nun von Ärzten übernommen. Salbenmischer wurden zu Apothekern und begannen, die von Ärzten verschriebenen Heilmittel zuzubereiten. Die Pharmaindustrie veränderte schließlich auch das Berufsbild des Apothekers.

Salbenmischer und Apotheker waren einst wahre Künstler auf ihrem Gebiet und widmeten sich mit Hingabe und Leidenschaft den Heilkräften der Natur. Die von ihnen praktizierte Mischung aus Heilkräuterkunde und Alchemie können als wichtige Grundsteine der modernen Chemie und Pharmazie angesehen werden. Dank ihres botanischen Expertenwissens können heute Kräuterexperten und Kosmetikhersteller immer beliebter werdende natürliche Alternativen zu vielen konventionellen Produkten herstellen. Sogar auf die moderne Medizin hat dies Einfluss: Nach Angaben der Weltgesundheitsorganisation werden heute fast 25 Prozent der Wirkstoffe moderner Medikamente aus Pflanzenstoffen gewonnen. Heute belegt eine wachsende Anzahl klinischer Studien die medizinische Wirksamkeit diverser Kräuter.

SALTS
DOSE:

Natürliche Inhaltsstoffe

Das Streben nach Schönheit und Gesundheit ist fast so alt wie die Menschheit selbst. Leider sind jedoch die Schönheitsrezepte unserer Zeit nicht immer die gesündesten Lösungen. Bei aller Eitelkeit geht es uns vor allem darum, Zeit zu sparen, also müssen einfache und schnelle Lösungen her: Diätpillen, Kosmetik und sogar chirurgische Schönheitsbehandlungen sind an der Tagesordnung.

Vor der Zeit der Labortechnologie ergänzten sich Botanik und Medizin gegenseitig. Lange nutzten wir die Pflanzenwelt zu medizinischen und kosmetischen Zwecken und steigerten damit unsere Lebensqualität. Im Zuge der Entwicklung der modernen Wissenschaft wurde die „natürliche Medizin" immer mehr verdrängt und bekam zeitweise sogar einen schlechten Ruf. Moderne Medikamente und Kosmetikprodukte haben leider sehr begrenzte Anwendungsbereiche – im

Gegensatz dazu kann ein einziges Kraut zu zahlreichen Zwecken verwendet werden. Kräuter und Öle aus der Natur können sowohl innerlich als auch äußerlich angewendet werden.

Wenn es um das Einnehmen von Mitteln geht, sind wir oft achtsamer als beispielsweise bei der Anwendung von Produkten auf Haut und Haar. Wir sollten jedoch bedenken, dass auch das, was wir auf unseren Körper auftragen, nach innen gelangt. Studien zeigen, dass der Körper bis zu 60 % dessen aufnimmt, was wir auf die Haut – unser größtes Organ – auftragen. Fast täglich erscheinen neue Produkte, deren Werbung verspricht, dass sie noch schneller und besser einziehen. Wir sollten immer darauf achten, ob mit diesen Produkten nicht auch schädliche Stoffe in unseren Körper gelangen.

Konventionelle Kosmetikprodukte enthalten nicht selten krebserregende Stoffe, Allergene und Inhaltsstoffe, die sich auf unser Hormonsystem auswirken. Dabei ist besonders problematisch, dass wir so viele verschiedene Produkte verwenden. Die durchschnittliche Verbraucherin benutzt täglich zwölf Produkte (männliche Verbraucher verwenden sechs) mit insgesamt mehr als 168 Inhaltsstoffen (85 für Männer)[1] . Dazu verwenden wir die Produkte oft über längere Zeiträume: Ein Deodorant mit krebserregenden Inhaltsstoffen schädigt sicher nicht bei der ersten Anwendung, doch wer verwendet nur einmal im Leben Deo?

Oft haben wir allzu großes Vertrauen in die Kosmetikindustrie und gehen davon aus, dass alle käuflich zu erwerbenden Produkte sicher sind und ihre Anwendung keine Risiken birgt. Leider steht jedoch der Profit oft an erster Stelle und Kosmetikhersteller agieren nicht in jedem Fall verantwortungsvoll gegenüber der Gesundheit ihrer Verbraucher und der Nachhaltigkeit und Umweltfreundlichkeit ihrer Produkte. Werbeslogans und Beschriftungen sind dabei oft irreführend und können Verbraucher täuschen – so handelt es sich bei einer Creme mit „natürlichen Inhaltsstoffen“ beispielsweise noch lange nicht um zertifizierte Naturkosmetik.

Sie werden schnell feststellen, wie wichtig es ist, sich ausreichend zu informieren. Lesen Sie die Liste der Inhaltsstoffe genau und behalten Sie immer im Hinterkopf, welche schädlichen Inhaltsstoffe es sich zu vermeiden lohnt. Nehmen Sie nicht an, dass für die Kosmetikindustrie oder regulierende Gesetze immer das Wohl der Verbraucher an erster Stelle steht. Auch freiverkäufliche Produkte können schädlich sein, selbst wenn sie versprechen, uns jünger, gesünder oder schlanker zu machen.

Auf den nächsten Seiten stelle ich einige der schädlichen Inhaltsstoffe vor, die in modernen Kosmetikprodukten enthalten sein können. Im Internet finden Sie zahlreiche Seiten mit ausführlichen Listen und ich kann Ihnen nur empfehlen, sämtliche Inhaltsstoffe Ihrer Kosmetikprodukte genau zu recherchieren. Informieren Sie sich gut in jeder Hinsicht: Selbst chemisch aus Pflanzen gewonnene Inhaltsstoffe sind nicht immer die beste Wahl.

[1] *Statistiken aus den USA (Anm. d. Übers.)*

Schädlicher Inhaltsstoff	Wirkungen
Parabene sind Chemikalien, die in Kosmetikprodukten oft als Konservierungsstoffe eingesetzt werden, darunter Methyl, Propyl, Butyl und Ethyl.	Hormonaktiv, kann krebserregend wirken, Umweltgifte.
Natriumlaurylethersulfat und Natriumlaurylsulfat sind schaumbildende Substanzen, die in konventionellen Shampoos und vielen anderen Kosmetikprodukten enthalten sind. Die Stoffe sind billig und eignen sich daher besonders für die Massenproduktion. Konsumenten verzichten heute ungern auf Schaum in allen Arten von Reinigern.	Reizt Haut und Augen, Umweltgifte. Diese Stoffe sind nicht nur schädlich, sondern trocknen Haut und Haar auch stark aus.
Phthalate (z. B. DMP, DEP) kommen vereinzelt noch zum Einsatz, um Duftstoffe herzustellen.	Hormonaktiv.
Borsäure wirkt antiseptisch und pilzhemmend und ist in vielen Kosmetik- und Medizinprodukten enthalten.	Toxisch und hormonaktiv.
Bronopol wird als Konservierungsstoff in vielen Kosmetik- und Pflegeprodukten verarbeitet.	Toxisch für Haut und Lungen, hormonaktiv, krebserregend.
Butylhydroxyanisol (BHA) und Butylhydroxytoluol (BHT) sind Konservierungsstoffe und Antioxidantien, die in Kosmetikprodukten und Lebensmitteln vorkommen.	Allergen, hormonaktiv, möglicherweise krebserregend.
Kohlenteer wird zur Farbstoffherstellung verwendet – achten Sie also darauf, ob Produkte Farbstoffe enthalten.	Krebserregend, hautreizend.
Formaldehyd wird in Kosmetik hauptsächlich als Desinfektionsmittel und Konservierungsstoff eingesetzt.	Krebserregend, reizt Haut, Augen und Organe.
Imidazolidinyl urea (Harnsäure) wird in vielen Kosmetikprodukten als Konservierungsstoff verarbeitet.	Reizt Haut und Augen, hormonaktiv.
Polyethylenglycol (PEG) ist ein Bindestoff und Weichmacher, der in vielen Medikamenten und Kosmetikprodukten enthalten ist.	Hormonaktiv.
Talg findet sich in Baby- und Körperpuder und wirkt adstringierend.	Reizt Haut und Lungen, krebserregend.
Thioglykolsäure wird in Dauerwellen, Haarglättern und Enthaarungsprodukten eingesetzt.	Reizt Haut und Lungen.

Wenn Sie darauf achten, bei der Körperpflege und im Haushalt natürliche Produkte zu verwenden, vermeiden Sie nicht nur unnötige Belastungen mit Chemikalien, sondern können sogar Geld sparen. Da Sie Ihre Produkte selbst herstellen, haben Sie die volle Kontrolle über die Inhaltsstoffe – Sie können die Duftnoten ganz nach Ihren Vorlieben anpassen und die Pflegewirkung auf die individuellen Bedürfnisse Ihrer Haut abstimmen. Die Natur hält alles bereit, was wir für innere und äußere Schönheit benötigen – wir müssen die natürlichen Inhaltsstoffe nur für uns entdecken und ihre Anwendung erlernen. So kann eine Fenchellotion beispielsweise nicht nur Blutergüsse behandeln, fettiger Haut entgegenwirken und Faltenbildung reduzieren: Die enthaltenen ätherischen Öle fördern auch Mut und Durchsetzungsvermögen. Dazu besitzt Fenchel zahlreiche Heilwirkungen, beispielsweise kann es als Verdauungstee angewendet werden, hilft gegen Heißhungerattacken und wirkt entwässernd.

Dieses Buch wird Ihnen dabei helfen, die von Salbenmischern und Apothekern geschätzten Heilkräfte aus der Natur gesundheits- und schönheitsfördernd zu verarbeiten und anzuwenden.

> **Kapitel 2** <

Die Grundausstattung

Um Naturkosmetik herstellen zu können, müssen Sie sich zunächst auf Kräutersuche begeben. Am besten sammeln Sie in der Natur frische Kräuter oder bauen diese in Ihrem Garten oder auf dem Balkon selbst an. Alternativ können Sie auch Bio-Kräuter aus dem Handel verwenden. In diesem Kapitel zeige ich Ihnen, wie Sie Kräuter und andere natürliche Inhaltsstoffe aussuchen, um sie dann zu Produkten weiterzuverarbeiten.

Ätherische Öle

Ätherische Öle lassen sich äußerst vielseitig verwenden und kommen in Kosmetik, Lebensmitteln, Medikamenten und der Aromatherapie zum Einsatz. Sie können die Zeichen der Hautalterung minimieren, Narben verblassen lassen oder Ihre Küchenarbeitsplatte desinfizieren. Dazu sind sie für Haut- und Haarpflege wertvolle Inhaltsstoffe – sie ziehen besonders gut in die Haut ein und können dort ihre Inhaltsstoffe perfekt entfalten.

Ätherische Öle sind Pflanzenauszüge und werden aus Blüten, Gräsern, Früchten, Blättern, Wurzeln und Bäumen gewonnen. Es gibt verschiedene Möglichkeiten, ätherische Öle zu destillieren, darunter Wasserdampfdestillation, Extraktion, Kaltpressung, Enfleurage und Mazeration. Die Methode ist immer von der Pflanzenart abhängig. Da ätherische Öle keine essentiellen Fettsäuren enthalten, handelt es sich nicht wirklich um Öle – sie hinterlassen also keinen Fettfilm und keine Ölflecken.

Ihre Kostbarkeit verdanken ätherische Öle der Tatsache, dass zum Teil große Mengen an Pflanzenteilen benötigt werden, um ein paar Tropfen ätherisches Öl zu gewinnen. Achten Sie daher beim Kauf besonders auf Qualität: Gute ätherische Öle unterscheiden sich preislich je nach ihren

Inhaltsstoffen. Rosenöl sollte also nicht den gleichen Preis haben wie beispielsweise Lavendelöl. Kaufen Sie nur bei seriösen Anbietern und achten Sie darauf, dass Sie keine synthetischen Mischungen oder Parfümöle, sondern 100 % reines ätherisches Öl kaufen. Kaufen Sie, wenn möglich, Bio-Öle. Die Fläschchen sollten aus dunklem Glas gefertigt sein und kühl und lichtgeschützt stehen. Kaufen Sie ätherische Öle möglichst in kleinen Mengen, außer, Sie haben einen sehr großen Verbrauch.

Lassen Sie sich von den vielen Einsatzmöglichkeiten ätherischer Öle nicht verunsichern – am besten beginnen Sie mit einfachen Rezepten und bauen dann nach und nach darauf auf. Bevor Sie ein ätherisches Öl verarbeiten oder anwenden, sollten Sie genau über dessen Wirkungen und etwaige Vorsichtsmaßnahmen Bescheid wissen. Es ist empfehlenswert, reine ätherische Öle nur zur äußeren Anwendung zu verwenden – außer, Sie haben eine genaue Einnahmeempfehlung von Ihrem Arzt oder Heilpraktiker bekommen.

Hier stelle ich Ihnen einige meiner Lieblingsöle vor, die auch in den Rezepten dieses Buches Anwendung finden. Denken Sie daran, dass Sie alle Rezepte nach Ihren eigenen Vorstellungen und Bedürfnissen variieren können. Probieren Sie ruhig aus, welche Duftnoten Sie als besonders angenehm empfinden!

SCHNELLE ERSTE HILFE MIT ÄTHERISCHEN ÖLEN

- **Abschürfungen:** Lavendel, Teebaum, Neroli, Weihrauch, Myrrhe.
- **Blaues Auge:** Kamille, Lavendel, Rose. Verdünnen Sie einige Tropfen eines dieser Öle mit etwas Hamamelis (Zaubernuss) und tragen Sie die Mischung auf die betroffene Stelle auf (sollte nicht ins Auge gelangen).
- **Blasen:** Lavendel, Kamille, Zitrone, Teebaum.
- **Blaue Flecken:** Pelargonie, Lavendel, Petersilie, Rosmarin. Stellen Sie mit etwas Mull eine Kompresse her und verdünnen Sie einige Tropfen eines dieser Öle mit Hamamelis.
- **Lippenherpes:** Pelargonie, Zitrone, Teebaum, Thymian. Verdünnen Sie ein paar Tropfen eines oder mehrere dieser Öle mit Traubenkernöl.
- **Kopfschmerzen:** Kamille, Koriander, Lavendel, Pfefferminze, Rosmarin. Massieren Sie die Stirn mit einigen Tropfen eines dieser Öle oder einer Mischung, die Sie mit Jojobaöl verdünnt haben.
- **Insektenstiche:** Tragen Sie einen Tropfen Lavendelöl auf die betroffene Stelle auf.

Anis

Anis (Pimpinella anisum):
Verdauungsfördernd. Belebt den Geist. Kann zur Behandlung von Akne, Muskelschmerzen, Krämpfen und Erkältungskrankheiten verwendet werden. Sollte nie pur, sondern immer mit Trägeröl verdünnt auf die Haut aufgetragen werden.

****

Arznei-Engelwurz (Angelica archangelica):
Süßlicher, minziger Kräuterduft. Erdend und beruhigend, hilft gegen Anspannung und Nervosität. Wirkt gegen Infektionen, stärkt das Immunsystem und wirkt schleimlösend und entgiftend.

****

Atlas-Zeder (Cedrus atlantica):
Frischer, herber Duft. Zahlreiche Einsatzmöglichkeiten für Haut, Haar und Aromatherapie. Wirkt gegen Hautleiden wie Neurodermitis, Schuppenflechte und Akne. Befreit die Atemwege und hilft gegen Nervosität. Gute Insektenabwehr.

****

Basilikum (Ocimum Basilikumicum):
Blumiges Aroma mit süßlich-lakritzartigem Kräuterduft. Stärkt das Immunsystem, entzündungshemmende und antibakterielle Wirkung. Lässt sich wunderbar zur Insektenabwehr und zur Behandlung von Insektenstichen verwenden. Basilikum wirkt stimmungsaufhellend und steigert die Konzentrationsfähigkeit.

Bergamotte (Styrax benzoin), bergaptenfrei:
Frisches, zitroniges Aroma. Eignet sich für fettige und zu Akne neigender Haut und wirkt antiseptisch. Wirkt stimmungsaufhellend. Vorsicht, dieses Öl reagiert mit Sonnenlicht.

****

Dill (Anethum sowa):
Grasgeruch. Hilft bei Verdauungsstörungen wie Blähungen, Verstopfungen und sogar Schluckauf. Beruhigt den Geist, wirkt Kopfschmerzen und Stress entgegen.

****

Echte Kamille (Matricaria recutita):
Unverwechselbarer Kräuterduft. Es gibt verschiedene ätherische Kamillenöle – Sie sollten mindestens eines davon in Ihrer Grundausstattung haben. Wirkt beruhigend und schmerzlindernd – weniger bekannt ist die antibakterielle und desinfizierende Wirkung. Sanft genug für empfindliche Haut und Kinder (am besten eignet sich Römische Kamille [Anthemis nobilis]). Gemischt mit Lavendelöl lindert Kamille den Juckreiz nach Insektenstichen. Wirkungsvoll bei trockener, juckender Haut, Neurodermitis und Schuppenflechte. Sie benötigen nur wenig Kamille, um die Wirkung zu spüren.

****

Echter Jasmin (Jasminum officinale):
Süßer, schwerer, blumiger Duft. Nährt und beruhigt trockene Haut und wirkt gegen die Zeichen vorzeitiger Hautalterung. Der entspannende Duft wirkt beruhigend bei Anspannung.

****

Echter Lorbeer (Laurus nobilis):
Erdiger Duft. Wirkt schmerzlindernd. Eignet sich zur Herstellung von Haarwasser bei Schuppen oder fettigem Haar.

****

Echter Salbei (Salvia officinalis):
Kräftiger Kräuterduft. Salbei wirkt entzündungshemmend und antibakteriell und regt den Kreislauf an. Entwässernd und hilfreich bei Magenbeschwerden. Das Öl eignet sich für zu Akne neigende Haut und als erfrischende Spülung für Haar und Kopfhaut. (Muskatellersalbei hat ähnliche Eigenschaften und kann als Alternative verwendet werden.)

****

Elemi (Canarium luzonicum):
Würzig-zitroniger Duft. Lindert Atemwegserkrankungen. Reguliert den Schweißhaushalt und die Talgdrüsen. Kann bei Schnitten, kleinen Wunden und Infektionen Linderung verschaffen. Der Duft wirkt beruhigend und lindert Stress. Ausgezeichneter Raumduft.

****

Eukalyptus (Eucalyptus globulus):
Kühler Mentholgeruch. Es gibt verschiedene Eukalyptusarten. Antiseptische, pilzhemmende, schleimlösende und desodorierende Wirkung. Wirkt gegen Insekten und bei Insektenstichen. Gut zur Anwendung bei Muskelschmerzen.

Fenchel (Foeniculum vulgare):
Typischer, lakritzartiger Duft. Wirkt verdauungsfördernd und regt den Kreislauf an. Hilft bei der Heilung von blauen Flecken, gegen fettige Haut und gegen Falten.

Gemeiner Wacholder (Wacholderus communis):
Herber Geruch. Wirkt antiseptisch, adstringierend, entwässernd und entgiftend. Hilft gegen Cellulite und Schwellungen sowie bei Entschlackungskuren. Ausgezeichnete Hautpflege: Öffnet die Poren und wirkt gegen Akne, Neurodermitis und Schuppenflechte.

Gewürznelke (Eugenia caryophyllata):
Intensiv-würziger Duft. Stimmungsaufhellend, beeinflusst die Merkfähigkeit positiv und hilft gegen Atemwegserkrankungen. Auch zur Behandlung von Zahnschmerzen geeignet.

Grapefruit (Citrus paradisi):
Zitroniger Duft. Hebt die Stimmung. Ausgezeichnetes Öl in der Aromatherapie, wirkt entgiftend, entwässernd und hilft bei Cellulite.

Grüne Minze (Mentha spicata):
Süßer Minzgeruch. Grüne Minze wirkt gegen Übelkeit und Kopfschmerzen und ihr Duft wirkt anregend auf den Geist.

Ingwer (Zingiber officinale):
Warm-würziger Duft. Wirkt antibakteriell und schmerzlindernd, zum Beispiel bei Muskelverspannungen, Arthritis, Durchblutungsstörungen oder Übelkeit. Ingwer wirkt erfrischend und schenkt neue Energie.

Italienische Strohblume (Currykraut) (Helichrysum italicum):
Fruchtiger Kräuterduft. Wirkt entzündungshemmend, adstringierend, schmerzlindernd und schleimlösend. Hilft gegen Durchblutungsstörungen und bei Erkältungskrankheiten, Grippe, Bronchitis, Husten und Asthma. Die heilende Wirkung hilft gegen Narben, Akne und Dehnungsstreifen.

Kampfer (Cinnamomum camphora):
Kühl- strenges, medizinisches Aroma. Wirkt schmerzlindernd und antiseptisch. Eignet sich für Salben zur Behandlung von Muskelschmerzen, Entzündungen und Gelenkschmerzen. Das Öl ist hochkonzentriert – eine kleine Menge ist ausreichend.

Karottensamen (Daucus carota):
Lassen Sie sich vom Namen nicht in die Irre führen – dieses Öl riecht nicht nach Karotte. Süßlicher Gemüsegeruch. Hoher Gehalt an Vitamin A, C und B1. Eignet sich besonders gut für Seren und Lotionen für reife Haut und wirkt Hautalterungszeichen entgegen. Hilft gegen viele Hautleiden wie Neurodermitis und Schuppenflechte und glättet Narben. Eignet sich gut zur Herstellung von Haarwasser für mehr Volumen und glänzendes Haar.

Kurkuma (Curcuma longa):
Würzig-erdiger, herber Duft. Kurkuma enthält Antioxidantien, wirkt entzündungshemmend und eignet sich daher besonders zur Behandlung von Arthritis sowie Gelenk- und Muskelschmerzen. Außerdem soll Kurkuma krebshemmend wirken. In Hautpflegemitteln wirkt Kurkuma gegen Neurodermitis, bei

fettiger und zu Akne neigender Haut und gegen Faltenbildung. Es beschleunigt die Wundheilung und wirkt aufhellend auf Hautpigmente. Als Zutat in Haarölen wirkt es Haarausfall entgegen.

****

Lavendel (Lavandula officinalis):
Erfrischender, blumiger Duft. Das vielseitig verwendbare Öl kann zur Behandlung verschiedenster Leiden verwendet werden, darunter Hautreizungen, Verbrennungen, Insektenstiche und Akne. Hilft gegen Stress und Anspannung, Depressionen und Schlafstörungen.

****

Limette (Citrus aurantifolia):
Fruchtiger Zitrusduft. Erfrischend und stimmungsaufhellend, spendet neue Energie. Gut für fettige Haut geeignet. Desinfizierende Wirkung.

****

Mandarine (Citrus reticulata):
Süßer Zitrusduft. Antiseptische Wirkung, geeignet für zu Akne neigende und empfindliche Haut.

****

Mittelmeer-Zypresse (Cupressus sempervirens):
Frischer Pinienduft. Lindert Krampfadern und wirkt gegen Neurodermitis und fettige Haut. Gutes Deodorant; antiseptische Wirkung. Hilft den Geist zu klären.

****

Muskatellersalbei (Salvia sclarea):
Würziger, erdiger, bittersüßer Kräuterduft. Beliebter Inhaltstoff der Aromatherapie; wirkt stimmungsaufhellend. Geben Sie einige Tropfen in Ihr Shampoo oder Duschbad und genießen Sie die erfrischende Wirkung. Hilft in Erkältungssalben gegen Husten und Asthma. Wegen seiner starken beruhigenden Wirkung sollte Muskatellersalbei nicht zu hoch dosiert werden. Nicht geeignet für Schwangerschaft und Stillzeit.

Ingwer

Myrrhe (Commiphora myrrha):
Warm-süßlicher, harziger Duft. Wirkt entzündungshemmend, antiseptisch und desinfizierend. Hilft bei Entzündungen und Verschleimung der Atemwege und bei Wunden und Entzündungen im Mundraum. Gut bei rissiger Haut, Entzündungen und Neurodermitis.

****

Myrtenheide (Melaleuca quinquenervia):
Scharfer, erdiger Geruch. Wird in der Medizin zur Behandlung von Erkältungs- und Atemwegserkrankungen eingesetzt. Schmerzlindernde, antiseptische und schleimlösende Wirkung. Hilft gegen fettige und zu Akne neigende Haut, regt die Durchblutung an und lindert Muskelschmerzen.

****

Orange (Citrus sinensis):
Orangenöl riecht fruchtig-frisch und eignet sich als Inhaltsstoff für Haushaltsreiniger und Raumdüfte. Es wirkt adstringierend und belebt müde Haut.

****

Palmarosa (Cymbopogon martini):
Süßlich-blumiger Teeduft. Wirkt antibakteriell, pilzhemmend und antiseptisch. Geeignet zur Behandlung von Akne, Neurodermitis, Vernarbungen und Falten. Gutes Mittel zur Insektenabwehr. Der Duft wird oft in Parfüms verarbeitet und wirkt anregend.

****

Patschuli (Pogostemon Patschouli):
Durchdringender Moschusgeruch. Das Öl wird bei Entzündungen, als Antiseptikum und als Deodorant angewendet. Patschuli eignet sich für alle Hauttypen: trockene Haut wird gelindert und übermäßige Fett- und Talgbildung reguliert. In Haarpflegemitteln besonders für trockene Kopfhaut und gegen Schuppen geeignet. Der Duft wirkt stimmungsaufhellend und hat eine sowohl anregende als auch beruhigende Wirkung.

****

Perubalsam (Myroxylon pereirae):
Dunkelbraunes Öl mit süßem, erdigem Duft. Eignet sich für Parfümmischungen, insbesondere Herrendüfte. Geeignet bei gereizter Haut, Dermatitis, Neurodermitis und Ausschlag.

****

Petitgrain (Bitterorange) (Citrus aurantium):
Herber Zitrusduft mit leicht blumiger Note. Gut geeignet für fettige, zu Akne neigende Haut und sanft genug zur Anwendung bei allen Hauttypen. Reguliert und erfrischt die Haut. Gute Zutat für Lotionen und Pflegeöle. Der erfrischende Duft wirkt sich positiv auf Stimmung und Nerven aus.

****

Pfefferminze (Mentha piperita):
Starker Mentholgeruch. Eines der bekanntesten und beliebtesten Öle. Bei innerer Anwendung lindert Pfefferminze Magenbeschwerden, Blähungen und Reiseübelkeit. Eignet sich aufgrund der antiseptischen Wirkung zur Herstellung von Zahnpasta und Mundwasser. Äußerlich angewendet belebt und nährt sie müde Haut. Auch für fettige Haut geeignet. In Haarpflegemitteln gegen Schuppen und Läuse wirksam. Pfefferminzöl wird auch zur Behandlung von Kopfschmerzen und Atemwegsproblemen sowie als Mittel gegen Stress angewendet.

Pomeranze (Neroli) (Citrus aurantium):
Blumig-zitroniger Duft. Geeignet für alle Hauttypen und zur Behandlung von Akne und Dehnungsstreifen. Hilft bei der Regeneration von Hautzellen und gegen Vernarbung der Haut.

****

Ravensara (Ravensara aromatica):
Leicht würziger, herber Duft. Hilft bei Bronchialleiden und Verschleimung. Fiebersenkende Wirkung, gutes Grippemittel, wirksam bei Muskelschmerzen.

****

Ringelblume (Calendula officinalis):
Ein wertvolles medizinisches Öl zur Hautpflege und zur Behandlung von Wunden. Reich an Antioxidantien, kann zur Behandlung trockener und geschädigter Haut verwendet werden. Hilft bei Hautreizungen, Ausschlag, Verbrennungen und anderen Hautleiden.

****

Rose (Rosa damascena):
Süßer, blumiger Duft. Rosenduft hebt die Stimmung und schenkt neue Energie. Das Öl wird seit Jahrhunderten zur Hautpflege verwendet. Heilende Wirkung, gut gegen Faltenbildung. Rosenöl wird dampfdestilliert (geeignet für Aromatherapie und Hautpflege) oder durch Extraktion gewonnen (Rose Absolue, geeignet für die Parfümherstellung).

****

Rosenholz (Aniba rosaeodora):
Würziger, süß-blumiger Duft. Wirkt stimmungsaufhellend, schmerzlindernd, antiseptisch und desodorierend. Hilft bei Hautentzündungen und vernarbtem Gewebe; ausgezeichneter Inhaltsstoff für Lotionen und Reiniger.

****

Rosenpelargonie (Pelargonium graveolens):
Süßer Rosenduft. Eines meiner Lieblingsöle zur Herstellung von Hautpflegeprodukten. Geeignet für alle Hauttypen, insbesondere fettige Haut. Bringt die Haut zum Strahlen und wirkt gegen Cellulite und Schmerzen.

****

Rosmarin (Rosmarinus officinalis):
Frischer Kräuterduft. Wirkt antiseptisch, adstringierend und regt die Denkfähigkeit an. Wirkungsvoll bei Verdauungsbeschwerden, schlechtem Atem, Schmerzen und Atemwegserkrankungen. Ausgezeichnetes Haaröl, stimuliert das Haarwachstum und sorgt für Fülle, wirkt Haarausfall entgegen und hilft gegen vorzeitiges Ergrauen des Haares. Lindert trockene, juckende Kopfhaut und hilft gegen Schuppen. In der Hautpflege wirksam gegen Akne; erfrischt und spendet der Haut Feuchtigkeit und eignet sich für Cellulite-Behandlungen.

****

Sandelholz (Santalum album):
Nussig-herber, maskuliner Geruch. Sandelholz wirkt antiseptisch und eignet sich daher besonders für fettige Haut. Spendet Feuchtigkeit und ist ein idealer Inhaltsstoff in Gesichtscremes. In der Aromatherapie wird es als Stimmungsaufheller, Beruhigungsmittel und Aphrodisiakum eingesetzt.

Teebaum (Melaleuca alternifolia):
Medizinischer, herber Kräuterduft. Teebaumöl wirkt antibiotisch, antiseptisch, antibakteriell, pilzhemmend und stärkt das Immunsystem. Geeignet zur Behandlung verschiedenster Leiden, vom Insektenstich über Akne, Hautpilz und Hautentzündungen bis hin zu Kopfschmerzen. Desinfizierender Inhaltsstoff für Seifen und Reinigungsmittel.

****

Thymian (Thymus vulgaris):
Frischer Kräuterduft. Eignet sich besonders für Haarpflegerezepte, mindert Haarausfall und Schuppenbildung. Wirkt antibakteriell und pilzhemmend und wird bei Muskelkrämpfen, kleinen Schnitten, Dermatitis, Insektenstichen und fettiger Haut angewendet.

****

Vetiver (Vetiveria zizanioides):
Herber, rauchiger Geruch. Stärkt das Immunsystem. Wirkt beruhigend auf die Nerven und löst Anspannung und Stress. Wirksam bei Muskel- und Gelenkschmerzen. Wirkt in der Hautpflege regulierend auf fettige Haut und Akne und heilt Hautinfektionen.

****

Waldkiefer (Pinus sylvestris):
Frischer Waldduft. Desodoriert und desinfiziert auf natürliche Weise. Eignet sich zur Hautpflege, für die Aromatherapie und zur Herstellung von Haushaltsreinigern.

****

Weihrauch (Boswellia carteri):
Erfrischender, würzig-herber Duft. Gut zur Anwendung bei trockener, reifer und fettiger oder zu Unreinheiten neigender Haut. Ein paar Tropfen dieses Öls in Cremes oder Lotionen können Narben und Dehnungsstreifen mindern. Der entspannende Duft hilft gegen Nervosität und Anspannung.

****

Ylang-Ylang (Canangium odoratum):
Süßer, blumiger Duft. Reguliert fettige Haut und wirkt gegen Akne, Falten und Dermatitis. Der Duft hilft gegen Erschöpfung und Schlaflosigkeit.

****

Zimt (Cinnamomum zeylanicum):
Blätter sind milder als die Rinde. Intensiver, unverwechselbarer Duft. Eignet sich zur Behandlung von Insektenstichen und für Insektensprays gegen Läuse. Wirkt antibakteriell und pilzhemmend. Aktiviert den Kreislauf und wirkt gegen Stress; eignet sich für Mischungen aus ätherischen Ölen. Seien Sie beim Auftragen von Blättern oder Rinde auf die Haut vorsichtig, da die Haut gereizt werden könnte. Vermeiden Sie Zimt, wenn Sie anfällig für Kopfschmerzen sind.

Zitrone (Citrus limonum):
Frischer, zitroniger Duft. Eignet sich durch die desinfizierende Wirkung für Reinigungsprodukte und zur Geruchsbeseitigung. Der erfrischende Duft wirkt stimmungsaufhellend, stressmindernd und beruhigend.

Zitronengras (Cymbopogon flexuosus):
Zitronig-grüner Duft. Zitronengras hilft gegen fettige Haut, verfeinert die Poren und kann als natürlicher Insektenschutz eingesetzt werden.

WAS SIE VERMEIDEN SOLLTEN

Wenn Sie mit Pflanzenstoffen arbeiten, sollten Sie jede Pflanze vor der Verwendung genau recherchiert haben. Einige Pflanzenarten gilt es zu vermeiden, da sie bei unsachgemäßer Verwendung gefährlich sein könnten oder eventuell generell eine schädliche Wirkung haben. Die folgenden ätherischen Öle sollten Sie daher besser nicht verwenden.

- Beifuß
- Bittermandel
- Calamus
- Gelber Kampfer
- Lebensbaum
- Meerrettich
- Paraguay-Jaborandi (Blätter)
- Polei-Minze
- Rainfarn
- Sadebaum
- Sassafras
- Weinraute
- Wermutkraut
- Wurmsamen

WAS SIE WÄHREND SCHWANGERSCHAFT UND STILLZEIT MEIDEN SOLLTEN

In der Schwangerschaft und Stillzeit sollten Sie die folgenden Öle und Kräuter nicht anwenden.

ÖLE

Anis, Arznei-Engelwurz, Basilikum, Kumin (Kreuzkümmel), Fenchel, Kümmel, Liebstöckel, Lorbeer, Majoran, Muskatellersalbei, Gewürznelke, Rosmarin, Schafgarbe, Wacholder, Ysop, Zimt, Zitronenmelisse

KRÄUTER

Luzerne, Amaranth, Bockshornklee

Basilikum

Kräuter

Sie können für alle Rezepte entweder frische oder getrocknete Kräuter verwenden. Beim Kräuterkauf sollten Sie möglichst Bio-Ware oder wild gesammelte Pflanzen wählen. Falls Sie getrocknete Kräuter bevorzugen, sollten Sie die Mengenangaben in den Rezepten halbieren, da getrocknete Kräuter konzentrierter sind als frische. Sie lassen sich außerdem oft leichter finden und länger aufbewahren. Achten Sie bei der Händlerwahl vor allem auf Qualität, auch wenn diese ihren Preis hat.

Ackerschachtelhalm (Equisetum arvense):
Wirkt entwässernd und regt die Blasentätigkeit an. Hoher Mineralgehalt, hilft bei der Heilung von Knochen und Gelenken. In Haarpflegemitteln ist Ackerschachtelhalm gegen Schuppen wirksam und verbessert die Gesundheit von Haar und Kopfhaut.

Amaranth (Amaranthhus caudatus):
Guter Entzündungshemmer, reduziert Schwellungen und eignet sich zur Behandlung trockener, juckender Haut, Neurodermitis und Schuppenflechte. Soll außerdem gegen Magengrippe, Durchfall und Magen-Darm-Entzündungen helfen.

Baldrian (Baldriana officinalis):
Wirkt beruhigend auf das Nervensystem, hilft bei Schlafstörungen, Anspannung, Kopfschmerzen und anderen Schmerzen.

****

Basilikum (Ocimum sanctum):
Kräftigt das Haar, vermindert Haarausfall und sorgt für Glanz und gute Kämmbarkeit. Soll außerdem die Zeichen der Hautalterung mindern.

****

Beinwell (Symphytum officinale):
Wird in der Hautpflege zur Anregung des Zellwachstums und zur Regeneration eingesetzt. Wirkt entzündungs- und pilzhemmend. (Nicht zur inneren Anwendung geeignet.)

****

Blaue Malve (Malva sylvestris):
Enthält Antioxidantien, gut gegen Halsschmerzen und Erkältungskrankheiten und desinfiziert Wunden. Wirkt in Haarpflegemitteln gegen Vergilbung grauer Haare und pflegt und bändigt trockenes Haar.

→ WAS DARF BEI KINDERN ANGEWENDET WERDEN? ←

* Nicht für Säuglinge geeignete Öle: Basilikum, Bergamotte, Birke, Citronella, Costus, Eichenmoos, Eukalyptus, Fenchel, Fichte, Gewürzbaum, Ingwer, Kassie, Kiefer, Kumin, Lorbeer, Melisse, Muskat, Orange, Oregano, Petersiliensamen, Pfefferminze, Piment, Schwarzer Pfeffer, Strohblume, Thymian (rot), Wacholder, Zitronenverbene
* Für Säuglinge geeignete Öle (niemals unverdünnt auf die Haut auftragen und sehr sparsam verwenden): Kamille, Lavendel
* Öle, die bei Kindern zwischen 2 Monaten und 5 Jahren angewendet werden können (sparsam und nicht unverdünnt auf der Haut): Dill, Eukalyptus, Kamille, Lavendel, Mandarine, Teebaum, Zitrone
* Kinder ab 5 Jahren vertragen zusätzlich zu den oben genannten Ölen folgende Varianten (wieder in kleinen Mengen und niemals unverdünnt auf der Haut): Limette, Nektarine, Neroli, Pelargonie, Petitgrain (Bitterorange), Pfefferminze, Rosmarin

Bockshornklee (Trigonella foenum-graecum):
Beruhigt gereizte Atemwege und lindert Halsschmerzen sowie Reizmagen und Blähungen. Regt bei stillenden Müttern die Milchproduktion an. Bockshornklee ist sehr bitter und sollte daher vor der Einnahme mit anderen Kräutern oder etwas Honig gemischt werden.

****

Brennnessel (Urtica dioica):
Regt das Haarwachstum an, wirkt gegen Schuppen und trockene Kopfhaut sowie Gelenkschmerzen. Entgiftende Wirkung, reinigt die Haut.

****

Brunnenkresse (Nasturtium officinale):
Beruhigt die Bronchien und hilft bei Erkältung, Grippe und Verstopfung. Erfrischt den Atem und wirkt abschwellend auf geschwollene Füße und Fußgelenke. Gutes Haarpflegemittel; wirkt gegen Haarausfall und pflegt auch die Haut.

****

Echinacea (Echinacea angustifolia):
Echinacea stärkt das Immunsystem und hilft bei Erkältungskrankheiten und Grippe. Reinigt das Blut und wirkt gegen Hautbeschwerden wie Neurodermitis und Akne.

Kamille

Echte Kamille (Matricaria chamomilla):
Wirkt antibakteriell und beschleunigt die Heilung bei Abschürfungen, Verbrennungen, Ausschlag und Hautreizungen. Wirkt nervenberuhigend und löst Anspannung.

****

Echter Eibisch (Althaea officinalis):
Gut bei Halsschmerzen, Durchfall, Verstopfung und Bronchialleiden. Wirkt hautberuhigend und eignet sich als Inhaltsstoff für Badezusätze und hautberuhigendes Gesichtswasser. (Vorsicht! Nicht zu verwechseln mit der sehr giftigen Eibe (Taxus bacatta).

****

Echter Salbei (Salvia officinalis):
Verdauungsfördernd, schleimlösend und gut bei Halsschmerzen.

****

Eukalyptus (Eucalyptus globulus):
Bekannt für sein kräftiges Mentholaroma; gut zur Behandlung von Erkältungskrankheiten, wirkt schleimlösend. Antibiotische und antibakterielle Eigenschaften.

****

Fenchel (Foeniculum vulgare):
Ausgezeichnet als Verdauungstee, lindert Blähungen und Bauchkrämpfe, fördert die Verdauung und hilft gegen Koliken. Regt bei stillenden Müttern die Milchproduktion an. Guter Inhaltsstoff für Zahnpasta, Mundwasser und Lotionen; hilft gegen sichtbare Hautalterung.

****

Gewürznelke (Syzygium aromaticum):
Antimikrobielle, antiseptische, pilzhemmende und aphrodisierende Eigenschaften. Kann zur Behandlung diverser Leiden eingesetzt werden, darunter Zahnschmerzen, Verdauungsstörungen, Bronchialleiden, Kopfschmerzen und Stress.

Goldsiegelwurzel (Hydrastis canadensis):
Wirkt entzündungshemmend, antimikrobiell und abführend. Geeignet für zu Akne neigende Haut und zur Heilung kleiner Wunden und Pilzinfektionen. Soll gegen Erkältungskrankheiten, Grippe und Sinusitis helfen und wirkt schleimlösend.

****

Große Klette (Arctium lappa):
Enthält Eisen, Magnesium und Thiamin und ist ein wahres Wundermittel für die Haut. Hilft gegen Neurodermitis, Schuppenflechte, Entzündungen und Akne. Reinigt das Blut, wirkt entgiftend und regt die Verdauung an.

****

Hibiskus (Rosen-Eibisch) (Hibiscus rosa-sinensis):
Beliebter Inhaltsstoff für Haarpflegemittel. Hibiskus fördert das Haarwachstum und -volumen, lindert Kopfhautreizungen und wirkt vorzeitigem Ergrauen entgegen. In Puderform hat es eine rote Farbe, die rotes Haar erstrahlen lässt. Pflegt und festigt außerdem die Haut.

****

Himbeere (Rubus idaeus):
Reich an Eisen, Niacin und Mangan. Guter Energielieferant; wirkt sich positiv auf Gelenk- und Knochenfunktion aus. Pflegt Haut und Haar.

****

Ingwer (Zingiber officinale):
Hilft bei Magenbeschwerden, Übelkeit und Blähungen. Ingwer wirkt entzündungshemmend und schweißtreibend – dadurch werden Giftstoffe ausgeleitet. Gutes Erkältungs- und Grippemittel und geeignet zur Behandlung von Bronchialleiden und Halsschmerzen.

****

Krauser Ampfer (Rumex crispus):
Hilft gegen Hautleiden wie Neurodermitis, Schuppenflechte oder Akne. Regt die Verdauungs- und Leberfunktion an.

****

Lavendel (Lavandula angustifolia):
Mild wirkendes Antidepressivum, hilft bei Kopfschmerzen, beruhigt den Magen und hilft bei Anspannung, Schlafstörungen und Stress. Auf die Haut aufgetragen kühlt Lavendel Insektenstiche und Verbrennungen und hilft bei kleinen Wunden und Trockenheit.

Löwenzahn (Taraxacum officinale):
Wurzeln und Blätter: Eine wertvolle Pflanze mit nährenden und heilenden Eigenschaften. Regt die Lebertätigkeit an, hilft bei Darmbeschwerden und wirkt entwässernd. Reinigt das Blut und wirkt entgiftend; geeignet zur Behandlung von Hautreizungen.

Luzerne (Blatt) (Medicago sativa):
Wirkt appetitanregend, fördert die Verdauung und wirkt entzündungshemmend. Reich an Vitamin A, D, E, G, K und Flavonoiden sowie Kalzium und Magnesium. Eignet sich zur Behandlung trockener, juckender Haut und wirkt adstringierend.

Mahonie (Mahonia aquifolium):
Entzündungshemmend, bekämpft Viren. Exzellenter Hautreiniger, lindert Hautprobleme.

Mariendistel (Silybum marianum):
Reich an Antioxidantien, hilft gegen Hautalterung und wirkt entgiftend. Gut zur Reinigung der Haut geeignet und fördert deren Regeneration.

Mutterkraut (Tanacetum Teilhenium):
Dieses Kraut hat ähnliche Eigenschaften wie Aspirin. Wirkt entzündungshemmend und abschwellend; hilft bei Menstruationsbeschwerden und Kopfschmerzen.

Lavendel

Passionsblume (Passiflora incarnata):
Beruhigt und stärkt die Nerven, löst Anspannung und Kopfschmerzen und fördert gesunden Schlaf.

****

Petersilie (Petroselinum crispum):
Entwässernd, appetitanregend und verdauungsfördernd. Erfrischt den Atem. Beruhigt gereizte Haut, löst Mitesser und wirkt gegen blaue Flecke.

****

Pfefferminze (Mentha piperita):
Verdauungsfördernd und gut bei Übelkeit. Idealer Inhaltsstoff für Zahnpasta und Mundwasser, erfrischt den Atem.

****

Ringelblume (Calendula officinalis):
Wirkt antiseptisch und fördert die Heilung und Zellregeneration. Bekannt für ihre hautberuhigenden Eigenschaften und gut zur Pflege trockener und beanspruchter Haut, Neurodermitis, Schuppenflechte, Entzündungen, Verbrennungen und blauen Flecken. Zur inneren Anwendung bei Fieber, Magenbeschwerden und Verdauungsproblemen geeignet.

****

Rose (Rosa spp.):
Reich an Bioflavonoiden, unterstützt die Herztätigkeit und beruhigt die Bronchien. Hebt die Stimmung und entlastet Nerven und Geist.

****

Saat-Hafer (Avena sativa):
Beruhigt das Nervensystem. Reich an Kalzium und Magnesium und daher gut für Zähne und Knochen. Stimmungsaufhellende und leicht anregende Wirkung.

****

Schafgarbe (Achillea millefolium):
Fiebersenkend, regt die Verdauung an, reduziert Krampfadern und Akne und wirkt entzündungshemmend.

****

Schwarzer Holunder (Sambucus nigra):
Geeignet zur Behandlung von Bronchialbeschwerden, Asthma, Allergien und zur Fiebersenkung. Koffeinähnliche Wirkung: appetitzügelnd, regt die Verdauung an und wirkt entwässernd. Belebt die Haut und lässt Pigmentflecken verblassen.

****

Süßholz (Glycyrrhiza glabra):
Gut für das Verdauungssystem, wirkt ausgleichend auf das weibliche Fortpflanzungssystem, löst Schleim in den Bronchien und wirkt gegen Husten und Halsschmerzen. Das Öl eignet sich besonders für fettige Haut und zur Behandlung von Neurodermitis, Insektenstichen, Verbrennungen, Wunden und Hautverfärbungen. Pflegt das Haar und stimuliert das Haarwachstum.

Teepflanze (Camellia sinensis):
Reich an Antioxidantien, soll den Alterungsprozess verlangsamen und krebshemmend wirken, gut bei Durchblutungsstörungen.

Wacholderbeeren (Wacholderus communis):
Wacholder enthält Tannine, Flavonoide und die Vitamine B und C. Wirkt positiv auf die Nierengesundheit, senkt den Blutzuckerspiegel, verbessert die Verdauung und hilft gegen Blähungen. Auch gut zur Behandlung von Gelenk- und Muskelschmerzen sowie Atemwegsbeschwerden geeignet. Antimikrobielle, antibakterielle und pilzhemmende Eigenschaften.

Schafgarbe

Wiesen-Klee (Trifolium pratense):
Wirkt bei Bronchialleiden; entspannt und stärkt die Nerven. Heilt bei äußerer Anwendung Wunden und Verbrennungen.

Winterlinde (Blüten) (Tilia cordata):
Leicht sedierende Wirkung, beruhigt die Nerven und das Verdauungssystem und löst Schleim in den Atemwegen. Pflegt die Haut und hilft bei kleinen Unreinheiten.

Zitronenmelisse (Melissa officinalis):
Wirksam bei Verdauungsbeschwerden, stimmungsaufhellend, mindert Anspannung und Kopfschmerzen und bekämpft Erkältungskrankheiten und Grippe.

Zitronenverbene (Aloysia triphylla):
Der erfrischende Duft hilft bei Stress und beruhigt die Nerven. Fördert die Verdauung, mindert Übelkeit und löst Schleim in Bronchien und Nasenhöhlen.

Fette und Trägeröle

Fette und Trägeröle sind ein wichtiger Bestandteil Ihrer Mischungen. Sie bilden die Basis für ätherische Ölmischungen und haben dazu viele gesundheitsfördernde Eigenschaften. Sie wirken heilend, regenerierend und beruhigend und eignen sich somit auch als Hauptinhaltsstoffe für Heil- und Pflegemittel. Es ist daher besonders wichtig, dass Sie sich vor dem Kauf gut informieren. Wie ätherische Öle haben auch gute Fette und Öle ihren Preis – es gibt jedoch auch preiswerte Varianten. Wenn Ihnen ein Angebot zu günstig erscheint, sollten Sie es mit Vorsicht genießen. Kaufen Sie wenn möglich Bioqualität.

Acaiöl (Euterpe oleracea):
Reich an essentiellen Fettsäuren und daher gut für reife und trockene Haut geeignet. Gut zur Behandlung von Akne, Neurodermitis und Schuppenflechte.

****

Aprikosenkernöl (Prunus armeniaca):
Enthält Vitamin A, C und E und Kalium. Geeignet für trockene, gereizte Haut. Guter Inhaltsstoff für Lippenbalsam, Massage- und Körperöle.

****

Arganöl (Argania spinosa):
Reich an Antioxidantien, wirkt antibakteriell und entzündungshemmend, reduziert Schwellungen, beruhigt gereizte Haut, nährt Haar und Kopfhaut und wirkt gegen Hautalterung.

****

Avocado-Öl (Persea gratissima):
Reich an Vitaminen und essentiellen Fettsäuren. Wirkt gegen Neurodermitis, Schuppenflechte und Narben und versorgt Haut und Haar mit Feuchtigkeit.

Baobaböl (Adansonia digitata):
Spendet reichlich Feuchtigkeit und enthält Vitamin A, D, E und essentielle Fettsäuren. Erhöht die Elastizität der Haut, regt die Regeneration der Hautzellen an und verstopft die Poren nicht.

Borretschöl (Borago officinalis):
Beschleunigt die Heilung der Haut, hilft bei Neurodermitis und Schuppenflechte. Ausgezeichneter Feuchtigkeitslieferant für sehr trockene und sonnenbeanspruchte Haut.

Brokkolikernöl (Brassica oleracea italica):
Reich an Vitamin A und essentiellen Fettsäuren. Zieht gut in die Haut ein und versorgt sie mit Feuchtigkeit, ohne einen Fettfilm zu hinterlassen. Bringt das Haar zum Glänzen.

Buritiöl (Mauritia flexuosa):
Reich an essentiellen Fettsäuren und Betacarotin. Heilt und regeneriert die Haut und versorgt sie mit Feuchtigkeit, besonders nach dem Sonnenbad. Schützt vor freien Radikalen und besitzt einen natürlichen Lichtschutzfaktor.

Haselnussöl (Corylus americana):
Leichtes, schnell einziehendes Öl mit leicht adstringierender Wirkung. Gut bei Akne; beruhigt und heilt gereizte, trockene Haut

Himbeersamenöl (Rubus idaeus):
Reich an essentiellen Fettsäuren und Vitamin E. Dieses Öl hat einen natürlichen Lichtschutzfaktor. Wirkt entzündungshemmend und hilft bei Neurodermitis, trockener Haut und Schuppenflechte.

Jojobaöl (Simmondsia chinensis):
Geeignete für alle Haut- und Haartypen. Hautverwandtes, schnell einziehendes Öl, das keine fettigen Rückstände hinterlässt. Regeneriert, strafft und beugt Faltenbildung vor. Schenkt dem Haar Glanz und Kämmbarkeit und der Kopfhaut Feuchtigkeit.

Kakaobutter (Theobroma cacao):
Ein gutes Heilmittel für die Haut; wirksam bei Dehnungsstreifen, Narben, Verbrennungen und trockener, juckender Haut. Voller natürlicher Antioxidantien und somit ein gutes Anti-Aging-Mittel.

Kameliensamenöl (Camellia oleifera):
Besonders für reife Haut geeignet. Reich an Antioxidantien, die gegen freie Radikale wirken und die Spannung der Haut erhöhen. Fördert das Haarwachstum und schenkt Glanz.

Karitébutter (Shea) (Butyrospermum parkii):
Entzündungshemmende und antimikrobielle Wirkung. Gut zur Pflege sehr trockener Haut geeignet; hilft bei Verbrennungen, Narben, Schuppenflechte, Neurodermitis, Schuppen und Dehnungsstreifen.

Kokosöl (Cocos nucifera):
Ausgezeichnetes Öl für trockene, juckende oder empfindliche Haut. Verstopft die Poren nicht, zieht rasch ein und bildet eine Feuchtigkeitsbarriere.

Hagebutte

Kürbiskernöl (Cucurbita pepo):
Reich an essentiellen Fettsäuren und Antioxidantien. Gut bei Rosazea, Neurodermitis, Schuppenflechte, Verbrennungen, Wunden und Narben.

Mandelöl (Prunus amygdalus):
Reich an Vitamin A, B und E. Geeignet für reife, trockene, beanspruchte und entzündete Haut.

Nachtkerzenöl (Oenothera biennis):
Eignet sich wunderbar für Gesichtscremes und Seren und ist für diverse Hauttypen geeignet. Gut bei trockener, juckender und reifer Haut, Rosazea und Akne.

Neemöl (Azadirachta indica):
Antibakterielle, antivirale, pilzhemmende und antiseptische Eigenschaften. Hilft bei der Behandlung von Neurodermitis, Schuppenflechte, Hautpilz, Läusen und Schuppen. Guter Inhaltsstoff für Lotionen, Seifen, Zahnpasta und Haarpflegemittel.

Olivenöl (Olea europaea):
Nährt und beruhigt die Haut; hilft gegen Falten, brüchiges Haar und brüchige Nägel.

****

Sesamöl (Sesamum indicum):
Reich an essentiellen Fettsäuren; ausgezeichneter Feuchtigkeitslieferant. Guter Inhaltsstoff für Massageöl und Sonnenöle.

****

Sonnenblumenöl (Helianthus annuus):
Reich an essentiellen Fettsäuren und Antioxidantien. Leichtes, schnell einziehendes Öl, pflegt und beruhigt die Haut.

****

Traubenkernöl (Vitis vinifera):
Preiswertes, gutes Öl. Hilft u. a. bei trockener Haut, Krampfadern, Neurodermitis und Schuppenflechte.

****

Wassermelonenkernöl (Citrullus vulgaris):
Reich an essentiellen Fettsäuren. Hilft der Haut, ihre Elastizität zurückzugewinnen. Verstopft die Poren nicht und eignet sich für alle Hauttypen, von trocken und reif bis hin zu fettig und zu Akne neigend.

****

Weizenkeimöl (Triticum vulgare):
Reich an Vitamin A, D und E. Nährt die Haut, verhindert Feuchtigkeitsverlust und beruhigt gereizte, sonnenbeanspruchte Hautpartien. Hilft bei Verbrennungen.

****

Wiesenschaumkrautöl (Limnanthes alba):
Reich an Antioxidantien, hilft gegen Hautalterung und spendet Feuchtigkeit.

****

Wildrosenöl (Hagebutte) (Rosa canina):
Reich an Vitamin C, hilft gegen Fältchen und bei der Hautregeneration. Lässt Altersflecken verblassen.

Weitere nützliche Inhaltsstoffe

Für viele der Rezepte in diesem Buch benötigen Sie zusätzliche Inhaltsstoffe – einige davon haben Sie bestimmt schon in der Küche.

Aloe Vera (als Gel, Pulver oder Saft):
Hervorragende Heilkraft. Vermindert Akne, kühlt bei Sonnenbrand, beugt Haarausfall vor und mindert Schuppen. Aloe Vera ist leicht verderblich und bietet Bakterien einen idealen Nährboden. Wenn Sie mit Aloe arbeiten, sollten Sie daher das entsprechende Produkt gut konservieren.

Apfelessig:
Ein richtiger Alleskönner mit vielen gesundheitsfördernden Wirkungen. Bei innerer Anwendung wirkt Apfelessig entschlackend und fördert die Verdauung. Regt als Inhaltsstoff in Haarpflegemitteln das Haarwachstum an, sorgt für Glanz und hilft gegen Schuppen. Wirkt in Hautpflegemitteln gegen Neurodermitis, Schuppenflechte und Akne.

Arnika:
Arnikaöl wirkt entzündungshemmend und hilft gegen blaue Flecken.

Bienenwachs:
Gutes Verdickungsmittel für viele Rezepte; pflegt die Haut und macht sie weich.

Bims:

Der vulkanische Bimsstein ist abrasiv und dennoch sehr weich. Eignet sich in Puderform als Inhaltsstoff für Peelings und Seifen, Fußpeelings und Scheuermittel.

****

Borax:

Kann in Cremes, Lotionen, Shampoos, Gelen und Badesalz verarbeitet werden. Wirkt als Emulgator, Konservierungsstoff, Reinigungs- und Poliermittel.

****

Candelillawachs:

Candelillawachs ist ein natürliches Pflanzenwachs mit fester, brüchiger und leicht klebriger Konsistenz und gelblicher Farbe. Es wird in vielen Rezepten als vegane Bienenwachsalternative verarbeitet.

****

Emulgierwachs:

Pflanzlicher Ursprung, bindet Öl und Wasser und ist somit ideal zum Herstellen von Lotionen und Reinigern geeignet.

****

Honig:

Zahlreiche innere und äußere Anwendungsmöglichkeiten und somit ein wertvoller Inhaltsstoff. Reich an Antioxidantien, senkt das Krebsrisiko und beugt Herz-Kreislauf-Erkrankungen vor. Gut zur Behandlung von Magenleiden; antibakterielle und pilzhemmende Eigenschaften. Ausgezeichneter Energielieferant; geeignet zur Behandlung von Wunden und Verbrennungen, hilft bei Husten und Erkältung und speichert Feuchtigkeit. Kann in Tees und Sirup verwendet werden und eignet sich pur als Gesichtsreiniger oder als Inhaltsstoff von Gesichtsmasken. Auch zur Haarpflege und als Zuckerersatz geeignet.

****

Kaffeesatz:

Verbessert die Durchblutung, wirkt entwässernd und ist als Peeling geeignet.

Kaolin:
Guter Inhaltsstoff für Hautpflegerezepte. Absorbierend und somit für Seifen, Peelings, Deodorants sowie Gesichtspuder und Masken geeignet. Die sanfte Wirkung eignet sich für alle Hauttypen, inklusive empfindlicher Haut.

****

Laminariales (Puder):
Diese Braunalge enthält viele Vitamine und Mineralien. Geeignet für Körperpackungen und Cellulite-Behandlungen.

****

Lappentang:
Diese Rotalge ist reich an sekundären Pflanzenstoffen, Mineralien und Jod. Hilft gegen Cellulite.

DIE AUSWAHL → DER INHALTSSTOFFE ←

Bei der Auswahl der Inhaltsstoffe sollten Sie nur bei verlässlichen Händlern kaufen und wenn möglich Bio-Qualität wählen. Viele Inhaltsstoffe der Rezepte dieses Buches erhalten Sie im Supermarkt, Reformhaus oder auf dem Wochenmarkt. Wenn Sie Zutaten im Internet bestellen, sollten Sie vorher besonders gut recherchieren und nur bei vertrauenswürdigen Händlern kaufen. Natürliche Inhaltsstoffe für Kosmetik und Naturheilmittel werden inzwischen von vielen Produzenten angeboten und in der Regel hat Qualität ihren Preis und der billigste Anbieter ist nicht unbedingt der beste – achten Sie besonders auf hochwertige Rohstoffe und schonende Verarbeitung. Sollten Sie einen bestimmten Inhaltsstoff nicht finden können, ersetzen Sie diesen einfach. Verwenden Sie Kräuter der Saison – diese sind gesünder, frischer und leichter zu beschaffen. Die Natur hält für uns die verschiedensten Zutaten bereit, die ganz unterschiedlich verarbeitet werden können – sicher finden sich in Ihrem Wocheneinkauf Dinge, die sich nicht nur zu Suppe und Salat, sondern auch zu Gesichtscremes oder Peelings verarbeiten lassen.

Lavaerde:

Die rotbraune Tonerde aus Marokko eignet sich für Seifen, Shampoos, Hautpflegemittel und Gesichtsmasken. Gut für die Haut, reduziert Schüppchen und Trockenheit. Verbessert das Hautbild und die Hautelastizität und beseitigt kleine Unreinheiten.

****

Mandeln:

Eignen sich gemahlen als Inhaltsstoff für Gesichtspeelings und machen die Haut weich und zart.

****

Natron:

Kann bei der Haut- und Haarpflege sowie der Haushaltsreinigung eingesetzt werden. Gut bei Magenverstimmungen und Sodbrennen, zur Geruchsbeseitigung und zur Zahnreinigung. Effektive Reinigungswirkung.

****

Pfeilwurz:

Ausgezeichneter Talgersatz in Körperpuder und guter Zusatz für Milchbäder. Eignet sich auch für Haar- und Babypuder und Deodorant.

****

Titanoxid:

Natürlicher Sonnenschutz; wird oft für Mineral-Make-up verwendet.

****

Totes-Meer-Salz (grob):

Hat den höchsten Mineralgehalt aller Salze und somit idealer Inhaltstoff für Kuranwendungen, Badesalz und Peelings.

****

Weinstein:

Hält Sirup flüssig und kann gemischt mit Natron als Zahnreiniger verwendet werden. Antimikrobielle Eigenschaften.

****

Zaubernuss (Hamamelis):

Adstringierende, antiseptische, entzündungshemmende, antimikrobielle, antibakterielle, pilzhemmende und schmerzlindernde Wirkung. Verschiedene Einsatzmöglichkeiten in Kosmetik und Medizin.

****

Zinkoxid:

Natürlicher Sonnenschutz; wird oft für Mineral-Make-up verwendet.

Konservierungsstoffe

Alle Rezepte in diesem Buch enthalten entweder einen Inhaltsstoff, der als natürliches Konservierungsmittel fungiert, sind zur einmaligen Anwendung gedacht oder sind nur begrenzt haltbar. Falls Sie größere Produktmengen herstellen oder auf Konservierungsstoffe grundsätzlich nicht verzichten möchten, finden Sie hier eine Zusammenstellung möglicher Haltbarmacher. Der erste Schritt beim Konservieren ist Sauberkeit. Halten Sie Ihre Arbeitsfläche und Ihr Werkzeug steril, um Bakterien keinen Nährboden zu geben. Tragen Sie Handschuhe oder waschen Sie sich bei der Kosmetikherstellung öfter die Hände. Um Werkzeug und Arbeitsfläche keimfrei zu halten, benötigen Sie keine aggressiven Reiniger – verwenden Sie einfach Alkohol oder Essig. Wenn Sie Ihre Werkzeuge bei hoher Temperatur im Geschirrspüler waschen, werden diese ausreichend sterilisiert. Nichtmetallisches Zubehör und Behälter können in der Mikrowelle 2 bis 3 Minuten lang erhitzt werden, um Bakterien und Keime abzutöten. Halten Sie alle Behälter sauber und vermeiden Sie es, mit den Fingern in Ihre Produkte zu fassen, um diese nicht zu verunreinigen. Ihre Produkte sollten Sie kühl und lichtgeschützt aufbewahren – am Besten im Kühlschrank.

Im Handel erhalten Sie diverse Konservierungsmittel, darunter auch Bio-Alternativen. Verwenden Sie wenn möglich Konservierungsstoffe natürlichen Ursprungs – im Folgenden sind einige gute Varianten für den Hausgebrauch aufgelistet.

Espenrinden-Extrakt:
Der aus der Rinde der amerikanischen Espe gewonnene Extrakt enthält Salicylat, welches das Wachstum von Schimmel, Hefen und E.-coli-Bakterien hemmt. Verwenden Sie eine Konzentration von 0,2 bis 0,3 %.

****

Ätherische Öle:
Ätherische Öle mit konservierenden Eigenschaften sind unter anderem Thymian, Orange, Zitronengras, Gewürznelke, Eukalyptus, Pfefferminze und Rosenpelargonie. In Trägerölen sollten Sie Konzentrationen von höchstens 1 % verwenden.

****

Geogard:
Geogard verwendet natürlich vorkommenden Zucker und Salz und schützt vor Bakterien. Dieser Konservierungsstoff ist auch in Natrue- und Ecocert-zertifizierter Naturkosmetik zugelassen. Verwenden Sie eine Konzentration zwischen 0,8 und 1,5 %.

****

Grapefruit-Extrakt (Citrus grandis):
Das antimikrobielle Grapefruitöl wird oft mit pflanzlichem Glycerin gemischt, um Hautirritationen zu vermeiden. Verwenden Sie eine Konzentration von 0,5 bis 1 %.

Neemöl:

Neemöl ist ein wahrer Alleskönner: Es wirkt pilzhemmend und antibakteriell und ist ein Antiparasitikum und Spermazid. Verwenden Sie eine Konzentration von 0,03 bis 6,0 %.

****

Kaliumsorbat:

Wird aus einer Reaktion zwischen Sorbinsäure (eine natürliche Fettsäure) und Kaliumhydroxid gewonnen. Wird als Zusatzstoff für Lebensmittel und Kosmetik eingesetzt und wirkt gegen Schimmel und Hefen. Sie können eine Konzentration zwischen 0,15 und 0,3 % verwenden.

****

Rettich-Ferment:

Wirksam gegen Bakterien sowie einige Hefen und Pilze. Verwenden Sie eine Konzentration von 0,5 bis 2,5 %.

****

Rosmarin-Extrakt (Rosmarinus officinalis):

Natürlicher Haltbarmacher; enthält Antioxidantien. Verwenden Sie unverdünnten Rosmarin-Extrakt in einer Konzentration von 0,15 bis 0,5 %.

****

Vitamin E (Tocopherol):

Die natürliche Antioxidantie Tocopherol ist ein Vitamin-E-Bestandteil und eignet sich gut zur Konservierung von Kosmetik. Verwenden Sie eine Konzentration zwischen 0,5 und 0,8 %.

EIN WORT DER WARNUNG

Bevor Sie die Rezepte in diesem Buch umsetzen oder Ihre eigenen ausprobieren, sollten Sie ein paar Dinge beachten. Auch natürliche Inhaltsstoffe können Allergien auslösen – Sie können also auf selbstgemachte Naturkosmetik ebenso allergisch reagieren wie auf konventionelle Produkte. Gerade bei bekannten Überempfindlichkeiten ist ein Allergietest auf einer kleinen Hautpartie angezeigt. Warten Sie nach dem Hauttest mindestens 24 bis 48 Stunden, bevor Sie das Produkt anwenden. Im Falle einer bekannten Allergie gegen einen natürlichen Inhaltsstoff sollten Sie diesen ersetzen (Sie finden am Ende des Buches eine entsprechende Liste zum Nachschlagen.) Die Rezepte in diesem Buch ersetzen nicht den Gang zum Arzt und sind nicht als Heilmittel getestet und zugelassen. Konsultieren Sie in jedem Fall Ihren Arzt, bevor Sie eigenmächtig Ihren Behandlungsplan ändern.

4 CUPS
3 CUPS
24oz
2½
20oz
2 CUPS
16oz
1½
12oz

> **Kapitel 3** <

Das Einmaleins der Kosmetikherstellung

Um Kosmetik und Kräuterzubereitungen herstellen zu können, benötigen Sie einige Fertigkeiten. Kräuter, Öle und Fette müssen erst zu heilenden Tinkturen, lindernden Salben und feuchtigkeitsspendenden Lotionen verarbeitet werden. Dieses Kapitel behandelt den richtigen Umgang mit natürlichen Zutaten, um deren Wirkstoffe und Heilkräfte voll auszuschöpfen.

Zubehör

Nachdem Sie alle Inhaltsstoffe besorgt haben, benötigen Sie noch einiges an Zubehör und Werkzeug. Vieles findet sich vielleicht schon in Ihrer Küche – um das Risiko einer Verkeimung zu minimieren, lohnt es sich allerdings, zur Kosmetikherstellung separates Zubehör zu verwenden. Sie benötigen folgende Grundausstattung:

Teigspatel:
Um auch den letzten Rest Ihrer Produkte verwenden zu können.

****

Kaffeemühle:
Nützlich für viele Rezepte; Sie können stattdessen auch einen Mixer oder eine Universal-Küchenmaschine verwenden.

****

Messbecher und -löffel:
Werden benötigt, um die Zutaten korrekt zu dosieren.

Mörser und Pistill:
Zur Zubereitung von Pasten und Breien.

****

Rührlöffel und Schneebesen:
Sie sollten verschiedene Ausführungen und Größen griffbereit haben. Verwenden Sie am besten Edelstahlschüsseln. Für weniger dickflüssige Rezepte eignen sich Rührstäbe aus Glas, die sich leicht desinfizieren lassen.

****

Schneidebrett:
Zum Schneiden von Kräutern und festen Wachsen.

Schüsseln:
Geeignet sind Schüsseln aus Edelstahl, Glas oder Plastik. Glasschüsseln sind die beste Wahl, da sie sich besser desinfizieren lassen als Plastik und nicht wie Metall mit einigen Ölen reagieren.

****

Sieb:
Halten Sie am besten ein paar verschiedene Größen griffbereit. Alternativ können Sie auch Leinentücher oder Kaffeefilter verwenden.

****

Trichter:
Um fertige Produkte in Töpfchen zu füllen.

****

Waage:
Zur korrekten Abmessung der Inhaltsstoffe, insbesondere der Kräuter.

★ WEITERES NÜTZLICHES ZUBEHÖR ★

Fläschchen und andere Behälter:
Sie benötigen verschiedene Aufbewahrungsbehälter und Fläschchen. Verwenden Sie am besten Glasbehälter, da sich diese am einfachsten reinigen und desinfizieren lassen. Fläschchen können wiederverwendet werden – kochen Sie sie nach dem Waschen aus oder erhitzen Sie sie zum Desinfizieren kurz in der Mikrowelle.

****

Simmertopf (Wasserbadkocher): Verhindert das Anbrennen empfindlicher Öle und Fette. Alternativ können Sie zwei verschieden große Töpfe übereinander stellen.

****

Pipette: Zum Dosieren der ätherischen Öle. Viele ätherische Öle werden bereits in Pipettenflaschen geliefert.

****

Handschuhe:
Vermeiden, dass Ihre Produkte verunreinigt werden.

****

Handmixer:
Für die meisten Rezepte reichen Löffel und Spatel aus; ein Handmixer kann Ihnen jedoch die Arbeit erleichtern.

****

Messer:
Zum Schneiden von Kräutern und festen Wachsen und zur Herstellung von Halsbonbons.

Herstellungsverfahren

Auf den folgenden Seiten werden Sie die wichtigsten Herstellungsverfahren für Kräuteranwendungen und Kosmetik kennenlernen. Dazu zählen die zur Herstellung der Rezepte in diesem Buch benötigten Techniken und vieles mehr.

* KRÄUTERAUFGÜSSE *

Kräuter können sowohl durch innere als auch durch äußere Anwendungen in den Körper gelangen. Die bekannteste Kräuterzubereitung ist der Tee – dabei werden Blätter, Blüten und andere aromatische Teile der Pflanzen verwendet. Normalerweise lässt man die Kräuter im heißen Wasser ziehen – das Wasser sollte allerdings nicht kochend heiß sein, damit zarte Pflanzenteile nicht ihre Heilkraft verlieren. Hitzeempfindliche Kräuter kann man auch in kaltem Wasser ziehen lassen, hier ist allerdings eine etwas längere Ziehzeit nötig. Kräuteraufgüsse und -tees können Sie 3 bis 4 Tage im Kühlschrank aufbewahren. Die Aufgüsse können statt mit Wasser auch mit Öl hergestellt werden.

Es gibt je nach verwendeter Pflanzenart drei verschiedene Herstellungsmethoden für Kräuteraufgüsse: Kochen, kalte Aufgüsse und Sonnenaufgüsse. Die Zubereitungen können ganz unterschiedlich angewendet werden: als kalter oder heißer Tee oder Zutat in Erfrischungsgetränken, in Heilsalben, Parfüms und Lotionen oder in Reinigungsprodukten. Kräuterzubereitungen eignen sich außerdem als Koch- und Backzutat. In diesem Buch finden sie in vielen Rezepten Verwendung.

Dosieren Sie für einen Kräuteraufguss Ihre Kräuter wie folgt:
1 l Wasser auf 30¬ 55 g frische Kräuter (je nach Kräuterart variiert die Dosierung).

Verwenden Sie für eine Tasse (235 ml) Wasser ½ Esslöffel Kräuter. Übergießen Sie die Kräuter mit heißem Wasser und lassen Sie sie abgedeckt 15 bis 25 Minuten ziehen, damit kein Aroma verloren geht.

Sie werden schnell feststellen, dass einige Kräuter stärker sind als andere und andere Ziehzeiten benötigen. Führen Sie beim Experimentieren am besten ein Tagebuch und lassen Sie sich von Ihrem persönlichen Geschmack leiten.

* KRÄUTERSUD *

Gießen Sie den Tee durch ein Sieb oder Leinentuch ab.

Alternativ können Sie auch Teefilter verwenden. Damit lassen sich auch für Reisen oder als originelle Geschenkidee individuelle Teemischungen herstellen. Verschließbare Filter erhalten Sie im Reformhaus und im Internet.

★ KRÄUTERSUD ★

Kräutersud erhält man durch Auskochen härtere Pflanzenteile wie Rinde, Wurzeln oder Holz. Bei dieser Zubereitungsart werden die Pflanzenteile länger und stärker erhitzt. Leichtes Köcheln ist dabei besser geeignet als sprudelndes Kochen – so werden die Pflanzenwirkstoffe schonend freigesetzt.

Verwenden Sie die gleichen Mengenangaben wie bei Kräuteraufgüssen und bringen Sie das Wasser mit den Pflanzenteilen zum Kochen. Kochen Sie den Sud je nach verwendeter Pflanze mindestens 45 Minuten auf kleiner Flamme und gießen Sie ihn danach durch ein Sieb ab.

Mit dem Rücken eines Löffels können Sie die restliche Flüssigkeit aus den Pflanzenteilen herauspressen. Falls Sie ein Leinentuch zum Abgießen verwenden, sollten Sie dieses gut auswringen. Verwenden Sie den Kräutersud sofort oder bewahren Sie ihn im Kühlschrank auf (2 bis 3 Tage haltbar).

* TINKTUREN *

Tinkturen sind eine konzentriertere Form der Kräuterzubereitung. Sie werden oft mit Alkohol als Lösungsmittel hergestellt (Branntwein oder Wodka), stattdessen kann aber auch Apfelessig oder pflanzliches Glycerin verwendet werden. Alkoholische Tinkturen sind stärker, aber alle Varianten bringen konzentrierte Kräutertinkturen hervor und sollten daher vorsichtig dosiert werden. Dosiert wird in Tropfenform. Die Standarddosis für Erwachsene sind 1 bis 2 Tropfen auf 2 kg Körpergewicht. Je nach Pflanzenmischung können verschiedene Dosierungen angezeigt sein. Selbstverständlich hängt die Dosierung auch davon ab, welches Leiden behandelt werden soll und ob dieses akut oder chronisch verläuft. Für akute Beschwerden wird eine geringere Dosis in kleineren Abständen angewendet. Praktische Dosierungsanleitungen für Tinkturen finden Sie auch im Internet. Tinkturen werden in der Regel verdünnt eingenommen (beispielsweise mit Saft oder Wasser), können aber auch pur auf oder unter die Zunge gegeben werden.

Tinkturen können Sie etwa 2 bis 3 Jahre aufbewahren, da Essig und Alkohol als natürliche Konservierungsstoffe wirken. Informieren Sie sich vor der Herstellung über die verwendeten Pflanzen, um eine korrekte Dosierung zu gewährleisten. Je hochprozentiger der verwendete Alkohol ist, desto stärker wird auch die Konzentration der Tinktur ausfallen. Geben Sie einen Teil frische Kräuter auf zwei Teile Flüssigkeit (fünf Teile Flüssigkeit bei getrockneten Kräutern). Ein Alkoholgehalt von etwa 40 % ist am besten geeignet – höherprozentiger Alkohol muss eventuell mit Wasser verdünnt werden, damit die wasserlöslichen Kräuterwirkstoffe korrekt extrahiert werden und die Pflanzenteile keinen Schaden nehmen. In diesem Fall muss auch die Menge frischer Kräuter von 2 auf 3 oder 4 Teile erhöht werden. 15 bis 25 % Alkoholanteil ist für Tinkturen ideal – so werden die heilenden Inhaltsstoffe geschont und dennoch vor Verunreinigung durch Schimmelbefall geschützt. Für glycerinbasierte Tinkturen sollten 25 % Glycerin verwendet werden. Es muss noch Wasser zugegeben werden, allerdings nicht zu viel, da sonst das Schimmelrisiko steigt. Verwenden Sie auf jeweils 2 Teile Glycerin nur 1 $^{1}/_{2}$ bis 2 Teile Wasser. Ansonsten gleicht die Herstellung von glycerinbasierten Tinkturen der Herstellung der alkoholbasierten Variante.

Sie benötigen saubere, frische Kräuter oder die getrocknete Bio-Variante. Achten Sie bei frischen Kräutern darauf, alle abgestorbenen und vertrockneten Bestandteile zu entfernen. Hacken Sie anschließend die Kräuter, um die Wirkstoffe besser löslich zu machen. Danach wählen Sie ein Lösungsmittel und messen die benötigten Mengen ab. Legen Sie die Kräuter in einen sterilen, verschließbaren Behälter – zum Deckel sollten mindestens 2,5 cm Platz bleiben. Gießen Sie das Lösungsmittel über die Kräuter, so dass diese vollständig bedeckt sind.

Verschließen Sie den Behälter fest, schütteln Sie die Mischung kurz durch und lagern Sie sie anschließend an einem dunklen, kühlen Ort (beispielsweise in einem Küchenschrank). Am besten beschriften Sie Ihre Tinktur mit Datum und lassen Sie mindestens zwei Wochen und bis zu einem Monat ziehen (zwischendurch hin und wieder schütteln).

Danach können Sie die Flüssigkeit durch ein Sieb oder ein Leinentuch in ein sauberes Behältnis abgießen. Wenn Sie ein Leinentuch verwenden, gießen Sie die Kräutermischung komplett hinein und wringen das Tuch gut aus. Wenn die Kräuter abgeseiht werden, drücken Sie den letzten Rest der Flüssigkeit mit dem Rücken eines Löffels heraus. Danach sollten Sie die Tinktur in ein dunkles, steriles Fläschchen füllen und dieses mit Datum und Tinkturnamen beschriften. Ein Tropffläschchen mit Pipette ist dafür am besten geeignet.

* SIRUP *

Sirup-Zubereitungen sind eine gute Alternativen zu Tinkturen, besonders wenn Sie bitter schmeckende Kräuter verarbeiten möchten. Sie eignen sich außerdem für Kinder und Personen, die keinen Alkohol vertragen – die Süße des Honigs überdeckt den bitteren Kräutergeschmack. Sirup ist besonders zur Behandlung von Husten und Halsschmerzen geeignet, da er sich schützend auf den Rachen legt (Rezepte finden Sie in Kapitel 5). Als Honigalternative können Sie auch naturbelassenen Zucker, Ahornsirup, Agavendicksaft oder ein anderes Süßungsmittel verwenden.

Bitte beachten Sie, dass Bienenhonig aufgrund der Gefahr von Säuglingsbotulismus nicht für Babys unter einem Jahr geeignet ist.

Bereiten Sie zunächst einen Kräuteraufguss Ihrer Wahl zu (siehe Seite 53). Gießen Sie die Zubereitung in einen Topf (am besten im Wasserbad) und bringen Sie sie zum Kochen. Lassen Sie die Flüssigkeit etwa zur Hälfte einkochen.

Danach geben Sie das Süßungsmittel dazu, welches gleichzeitig als Konservierungsstoff fungiert. Für die Standardmenge von 1 l Wasser und 30-55 g Kräutern benötigen Sie 720 g Bio-Zucker oder Honig. Rühren Sie so lange, bis Zucker oder Honig vollständig aufgelöst sind.

Gießen Sie dann den Sirup in ein steriles Behältnis und verschließen Sie dieses gut. Beschriften und datieren Sie das fertige Produkt und lassen Sie den Sirup vor der Verwendung abkühlen. Wenn keine Verunreinigungen auftreten, hält sich der Sirup 1-2 Jahre.

★ KRÄUTERHONIG ★

Honig hat ausgezeichnete Heilkraft, enthält antibakteriell wirkende Enzyme und kann bei Bedarf direkt auf kleine Wunden oder Verbrennungen auftragen werden. Außerdem wirkt er positiv auf den Verdauungstrakt, liefert Energie und stärkt das Immunsystem. In der kalten Jahreszeit wird Honig besonders wegen seiner antimikrobiellen Eigenschaften geschätzt. Besonders wirkungsvoll ist er mit warmem (nicht heißem) Wasser und Zitrone und in Zubereitungen gegen Halsschmerzen und Husten (Rezepte finden Sie in Kapitel 5).

Bitte beachten Sie, dass Bienenhonig aufgrund der Gefahr von Säuglingsbotulismus nicht für Babys unter einen Jahr geeignet ist.

Wählen Sie zunächst die Kräuter aus, die Sie für Ihren Kräuterhonig verwenden möchten. Säubern Sie die Kräuter und hacken Sie sie grob. Verwenden Sie Honig und Kräuter zu gleichen Teilen (halbieren Sie die Menge für getrocknete Kräuter). Alternativ können Sie auch mit Tinkturen arbeiten: Verwenden Sie Honig und Tinktur zu gleichen Teilen. Füllen Sie die Kräuter in ein steriles, verschließbares Behältnis.

Am einfachsten ist die Verarbeitung von warmem Honig – dieser setzt außerdem die Heil- und Aromastoffe der Kräuter frei. Achten Sie jedoch darauf, den Honig nicht über 40 Grad zu erhitzen. Gießen Sie den Honig über die Kräuter oder Tinktur und rühren Sie die Mischung vorsichtig durch.

Verschließen Sie den Behälter fest und beschriften Sie ihn mit Datum. Lassen Sie den Kräuterhonig mindestens eine Woche stehen – am besten noch länger. Vor der Verwendung sollten Sie die Mischung nochmals gut umrühren.

* SALBEN *

Salben eignen sich zur äußeren medizinischen Anwendung (Rezepte finden Sie in Kapitel 5). Selbstgemachte Salben sind eine schnelle Hilfe bei Muskelschmerzen, Hautausschlägen oder kleinen Wunden. So sparen Sie sich außerdem den Gang in die Apotheke. Salbenmischungen sind einfach herzustellen und halten sich bei guter Lagerung bis zu 2 Jahre. Sie können mit frischen oder mit getrockneten Kräutern hergestellt werden, wobei sich die Dosierung nach der Anwendungsart und dem gewünschten Ergebnis richtet. Tragen Sie die Salbe bei Bedarf (oder zwei- bis viermal täglich) auf die betroffenen Stellen auf.

Erhitzen Sie im Wasserbad 235 ml Öl, geben Sie 54 g Bienenwachs dazu und schmelzen Sie das Wachs. Die Ölsorte richtet sich nach der Anwendungsart, für medizinische Salben eignet sich Olivenöl jedoch generell hervorragend.

Fügen Sie unter ständigem Rühren die ausgewählten Kräuter hinzu. Achten Sie darauf, die Kräuter ausreichend zu dosieren. Köcheln Sie die Mischung auf kleiner Flamme mehrere Stunden. Das Wasserbad verhindert, dass Öl oder Kräuter anbrennen. Da das Wasser im Topf schnell verdampft, sollten Sie jedoch unbedingt darauf achten, es entsprechend nachzufüllen.

Nehmen Sie den Topf vom Herd und gießen Sie die Mischung durch ein Leinentuch in ein sauberes Behältnis ab.

Mit einem Spatel oder Löffel
können Sie Flüssigkeitsreste
aus den Kräutern herauspressen.

Halten Sie das Tuch anschließend
an den oberen Ecken zusammen und
wringen Sie die Ölreste heraus.

Füllen Sie die Mischung in ein sauberes,
verschließbares Gefäß und beschriften Sie
dieses mit Datum.

Lassen Sie die Salbe bei geschlossenem
Deckel abkühlen und fest werden – danach
kann sie gleich verwendet werden.

* LOTIONEN UND REINIGER *

In diesem Buch finden Sie viele Rezepte für Lotionen und Reiniger, bei denen die Inhaltsstoffe während der Herstellung erhitzt und abgekühlt werden. Obwohl diese Methode nicht bei allen Rezepten zum Einsatz kommt, gehört sie zu den Grundfertigkeiten der Kosmetikherstellung. Lassen Sie sich nicht entmutigen, falls Ihre ersten Versuche noch nicht die perfekte Emulsion hervorbringen – Übung macht bekanntlich den Meister.

Zunächst sollten Sie Ihr Zubehör und alle Behälter und Utensilien gut desinfizieren. Das gilt auch, wenn Sie Ihre Kosmetikprodukte nur zu Hause für den Eigenbedarf herstellen und für alle Herstellungsverfahren in diesem Buch – Sauberkeit sorgt für eine längere Haltbarkeit Ihrer Kreationen.

Die Herstellung einer Lotion oder eines Reinigers auf Lotionsbasis besteht grundsätzlich aus einer Wasserphase, einer Fettphase (hier werden Emulgatoren zugegeben) und einer Abkühlphase (Zugabe von hitzeempfindlichen Inhaltsstoffen). Für manche Rezepte sind nur zwei Arbeitsgänge notwendig (beispielsweise die Fettphase zum Erhitzen und Schmelzen und die Zugabe der Wirkstoffe während des Abkühlens). Die Wasserphase wird immer mit destilliertem Wasser hergestellt, da Leitungswasser zu Verunreinigungen führen könnte. Für die Fettphase können Sie verschiedene Pflanzen- oder Nussöle verwenden. Achten Sie (wie auch bei allen anderen Inhaltsstoffen) besonders auf Frische und verwenden Sie wenn möglich Bio-Öle. Raffiniertes Öl ist länger haltbar und resistenter gegen Oxidation. Unraffinierte Öle, welche sich durch Ihren guten Geschmack ausgezeichnet für die Küche eignen, sind weniger lange haltbar und daher für die Kosmetikherstellung nicht so gut geeignet. Bewahren Sie fertige Produkte immer in luftdicht verschlossenen, dunklen, sterilen Gefäßen geschützt vor Sonnenlicht und Wärme auf.

Hier stelle ich Ihnen das Grundverfahren der Lotionsherstellung vor. Mit zunehmender Erfahrung und Wissen werden Sie bald damit beginnen, Ihre eigenen Rezepte zu kreieren – dafür ist jedoch ein wenig Grundlagenwissen zu chemischen Prozessen (wie beispielsweise dem HLB-Wert) Voraussetzung. Lassen Sie uns jedoch zunächst einen Blick auf die Grundlagen werfen (Rezepte finden Sie in Kapitel 4)

Messen Sie die Inhaltsstoffe für Phase A (Wasserphase) ab und füllen Sie sie in einen Topf. Messen Sie dann alle Inhaltsstoffe für Phase B (Fettphase) ab und geben Sie diese in ein Wasserbad (um das Verbrennen der Öle zu vermeiden).

Erhitzen Sie beide Phasen auf 77 °C.

Nach Erreichen dieser Temperatur nehmen Sie beide Phasen vom Herd und gießen Phase A unter ständigem Rühren in Phase B. Mischen Sie die Phasen weiter, bis sie beginnen abzukühlen.

Wenn die Mischung auf 49 °C abgekühlt ist, folgt Phase C. Fügen Sie unter ständigem Rühren nach und nach die Inhaltsstoffe der Phase C hinzu und rühren Sie weiter, bis diese vollständig aufgelöst sind.

Lassen Sie die Mischung abkühlen und füllen Sie sie in ein steriles Behältnis, welches Sie nun mit Datum und Produktnamen beschriften können.

> Teil 2 <

Heilkräuterzubereitungen und Rezepte

Die Tipps und Rezepte in den folgenden Kapiteln sollen dazu beitragen, Ihren Körper von außen und von innen zu pflegen. Ob Sie nach einem Mittel gegen Halsschmerzen suchen, Ihre trockene Haut pflegen oder Akne bekämpfen möchten, Sie werden auf diesen Seiten ganz sicher ein geeignetes Mittel finden. Die Rezepte eignen sich gut als Einstieg in die Kosmetikherstellung und halten auch für Fortgeschrittene einige Überraschungen bereit. Nachdem Sie sich mit den Grundlagen vertraut gemacht haben, können Sie damit beginnen, die Rezepte entsprechend Ihrer Bedürfnisse zu variieren und ganz eigene Mischungen herzustellen.

Kapitel 4

Hautpflege-Rezepte

Die Haut ist unser größtes Organ und nimmt etwa 60 % von dem auf, was mit ihr in Berührung kommt – dennoch wird sie leider oft sehr stiefmütterlich behandelt. Achten Sie darauf, Ihre Haut jeden Tag zu pflegen – dieses Kapitel wird Ihnen dabei helfen, eine Pflegeroutine zu entwickeln und alle Produkte dafür selbst herzustellen. Ihre Haut wird spürbar und sichtbar aufatmen!

Die Grundlagen der Hautpflege

Die folgenden Tipps sind die Basis einer guten Pflege für Körper und Wohlbefinden. Denken Sie immer daran, dass das, was auf Ihren Körper gelangt, genauso wichtig ist wie das, was Sie einnehmen.

Schlaf:
Schlafen Sie ausreichend und Ihre Haut und Ihre Augen werden es Ihnen danken. Ähnlich wie das Gehirn braucht auch die Haut diese Erholungsphase, um sich zu regenerieren. Im Schlaf finden außerdem Entgiftungsprozesse statt.

****

Sport:
Regelmäßige Bewegung wirkt sich nicht nur positiv auf den Körper aus, sondern steigert auch Ihr Wohlbefinden. Der Hormonhaushalt wird ausgeglichen, Gifte werden aus dem Körper gespült und die Kollagenproduktion wird angeregt. Sport ist also für Ihren Körper und Ihre Haut eine Wohltat.

****

Gesunde Ernährung:
Nehmen Sie reichlich Obst und Gemüse zu sich und vermeiden Sie zu viel Salz, Milchprodukte und Zucker. Achten Sie auf nährstoffreiche Nahrung voller Vitamine, Mineralien und Antioxidantien (Vitamine A, C und E). Vermeiden Sie Fertigprodukte und sehr fettige oder sehr süße Speisen. Biotin (ein B-Vitamin) ist besonders gut für die Haut und hilft bei der Regeneration von Hautzellen, Haaren und Nägeln. Generell ist es gesünder, Vitamine und Mineralstoffe mit der Nahrung zuzuführen, als

Nahrungsergänzungsmittel einzunehmen. Grünes Gemüse, Obst und wertvolle Proteine sind gesund und bringen auch Ihre Haut zum Strahlen.

****

Koffein vermeiden:
Versuchen Sie, Ihre Koffeinaufnahme möglichst zu minimieren. Schränken Sie auch die Aufnahme anderer Genussgifte wie Nikotin und Alkohol ein. Auf die Haut wirken sich diese Gifte negativ aus – sie dehydrieren und führen zu vorzeitiger Hautalterung. Wenn Sie auf Kaffee nicht verzichten möchten, trinken Sie statt zwei Tassen nur eine und ersetzen Sie die zweite Tasse durch grünen Tee. Kräutertee ist ein ausgezeichneter Wachmacherund das enthaltene Teein ist nicht so schädlich wie Koffein.

****

Viel Wasser trinken:
Ausreichende Wasserzufuhr ist unabdingbar für schöne Haut. Trinken Sie Wasser oder gesunde, ungesüßte und chemikalienfreie Getränke, um Giftstoffe aus den Zellen zu spülen und die Haut mit Feuchtigkeit zu versorgen und deren Elastizität zu bewahren.

****

Entspannung:
Entspannen ist manchmal leichter gesagt als getan. Tun Sie Dinge, die Ihnen Freude bereiten – lesen Sie ein Buch, besuchen Sie einen Yoga-Kurs oder wenden Sie meditative Atemtechniken an. Ein entspannter Körper und Geist wirkt sich auch positiv auf die Haut aus.

****

Reinigung:
Integrieren Sie ein Hautpflegeritual in Ihre tägliche Routine. Besonders wichtig ist dabei die gründliche und sanfte Reinigung der Haut morgens und abends. Verwenden Sie einen Reiniger, der für Ihren Hauttyp geeignet ist. Verwenden Sie anschließend ein Gesichtswasser und eine auf Ihre Bedürfnisse abgestimmte Feuchtigkeitspflege. Einmal pro Woche sollten Sie sich eine Gesichtsmaske und ein Peeling gönnen (letzteres kann am ganzen Körper angewendet werden). Vermeiden Sie Hautpflegeprodukte, die viele Chemikalien enthalten und denken Sie daran, dass auch Umweltgifte, denen wir uns im täglichen Leben aussetzen, in die Haut einziehen. Bakterien und Fette sammeln sich im Laufe des Tages auf der Haut an – eine gute Reinigung ist also besonders wichtig. Da die Haut im Schlaf Giftstoffe aus dem Körper leitet, sollte sie morgens gewaschen werden. Wechseln Sie außerdem Ihren Kissenbezug oft. Gesichtswasser wirkt als zusätzlicher Reiniger adstringierend, nährt und beruhigt die Haut und hilft, das pH-Gleichgewicht zu erhalten. Feuchtigkeitspflege ist sehr wichtig für die Haut. Cremen Sie sich nach jedem Waschen ein, um eventuelle Feuchtigkeitsverluste auszugleichen. Je besser die Haut von außen mit Feuchtigkeit versorgt wird, desto weniger Fett wird von der Haut produziert.

****

Meiden Sie die Sonne:
Halten Sie sich wenn möglich im Schatten auf und verwenden Sie immer einen Sonnenschutz. Nicht nur im Sommer, sondern auch im Winter kann die Sonne unsere Haut schädigen. Ich verwende seit Jahren mineralisches Make-up, das auf natürliche Weise vor der Sonne schützt. Meine Haut pflege ich dazu mit Ölen, die einen natürlichen Sonnenfilter enthalten. Wenn Sie sich doch einmal länger in der Sonne aufgehalten haben, sollten Sie danach eine feuchtigkeitsspendende, beruhigende Maske anwenden (am besten auf Aloe- oder Milchbasis).

* BESTIMMEN SIE IHREN HAUTTYP *

Meiner Erfahrung nach gibt es keine eindeutigen Hauttypen – die meisten Menschen vereinen eine Mischung verschiedener Hauttypen in sich. Im Laufe der Jahre, manchmal sogar innerhalb weniger Monate, kann sich das Hautbild verändern. Bei der Wahl geeigneter Pflegeprodukte sollten Sie sich von innen nach außen vorarbeiten. Beginnen Sie zunächst mit der Ernährung: Gibt es Lebensmittel, auf die Ihre Haut sichtbar reagiert? Reagieren Sie sensibel auf hormonelle Veränderungen oder Stress?

Dieses Kapitel enthält Rezepte, die entweder auf einen bestimmten Hauttyp zugeschnitten sind oder entsprechend angepasst werden können. Ich lege mich ungern auf einen bestimmten Reiniger oder eine bestimmte Feuchtigkeitspflege fest, da meine Haut sich ständig verändert. Stattdessen nehme ich eine gute, hautfreundliche Basis, die ich je nach meinen aktuellen Bedürfnissen anpasse. Trauen Sie sich ruhig, mit den Rezepten zu experimentieren und weitere Öle, Kräuter und ätherische Öle in Ihr Repertoire zu integrieren, die Ihrer Haut gut tun oder Ihnen dabei helfen, bestimmte Beschwerden zu mindern.

„Normale Haut"
würde man generell als weder zu trocken noch zu fettig definieren. Normale Hauttypen sind nicht besonders anfällig für Pickel und Mitesser und das Hautbild ist generell im Lot. Bisher habe ich allerdings noch niemanden kennengelernt, der nicht das eine oder andere Hautproblem hat und seine (oder ihre) Haut als „normal" bezeichnet. Falls Sie zu diesen Wenigen gehören, können Sie sich glücklich schätzen!

Fettige Haut:
Die Poren sind vergrößert und die überaktiven Talgdrüsen sorgen dafür, dass die Haut selbst nach dem Waschen fettig aussieht. Die Haut neigt zu Pickeln und Mitessern.

Trockene Haut:
Trockene Haut neigt oft zu Fältchenbildung. Die Haut kann gereizt sein und sich schuppen und Menschen mit extrem trockener Haut leiden meist an Neurodermitis oder Schuppenflechte. Trockene Haut kann zudem sehr empfindlich reagieren.

Empfindliche Haut:
Empfindliche Haut kann zusätzlich entweder trocken oder fettig sein. Die meisten Überempfindlichkeiten werden durch Hautleiden wie Neurodermitis oder Dermatitis verursacht oder resultieren aus einer Allergie auf einen oder mehrere synthetische Inhaltsstoffe in konventionellen Produkten. Bei empfindlicher Haut ist die Verwendung natürlicher Produkte ohne Duftstoffe angezeigt. Beachten Sie jedoch, dass auch natürliche Inhaltsstoffe Allergien auslösen können. Wenn Sie trotz der Verwendung natürlicher Produkte an empfindlicher Haut leiden, sollten Sie eine natürliche Cremebasis (mit sorgfältig ausgewählten Inhaltsstoffen) nach und nach mit Wirkstoffen versetzen, bis Sie den Auslöser gefunden haben. Die Annahme, dass generell keine Duftstoffe vertragen wer-

den (also auch keine ätherischen Öle) ist oft falsch und resultiert aus der Anwendung synthetischer Duftstoffe, die in vielen Produkten verarbeitet sind und die Haut reizen können. „Lavendelduft" bedeutet zum Beispiel nicht, dass das Produkt naturreines Lavendelöl enthält. Wenn Ihnen Duftstoffe Sorge bereiten, verwenden Sie erst geruchsneutrale Produkte und tasten Sie sich dann einzeln an verschiedene ätherische Öle heran, um deren Verträglichkeit zu testen. Testen Sie neue Produkte grundsätzlich erst auf einer kleinen Hautfläche und informieren Sie sich genau über alles, was Sie auf Ihre Haut auftragen. Die Verwendung konventioneller Produkte wird sich nicht immer und überall vermeiden lassen – Sie sollten jedoch über die Inhaltsstoffe Bescheid wissen. Testen Sie, was Ihnen und Ihrer Haut gut tut!

HIER FINDEN SIE EINE KURZE ÜBERSICHT ÜBER KRÄUTER UND ÄTHERISCHE ÖLE FÜR JEDEN HAUTTYP

Hauttyp	Trockene und/oder reife Haut	Empfindliche Haut	Fettige oder Mischhaut
Trägeröl	Mandel, Acai, Argan, Borretsch, Kamelie, Nachtkerze, Wildrose, Aprikose	Jojoba, Mandel	Neem, Baobab, Argan, Nachtkerze, Kamelie, Traubenkern, Jojoba, Karottensamen
Ätherisches Öl/Extrakt	Kamille, Ringelblume, Fenchel, Rose, Lavendel, Patschuli, Jasmine, Ylang-Ylang, Pelargonie, Palmarosa, Sandelholz, Vetiver, Weihrauch, Strohblume, Immortelle, Rosenholz, Muskatellersalbei	Lavendel, Kamille, Neroli, Rose, Vetiver, Jasmin, Mandarine	Süßholzwurzel, Fenchel, Patschuli, Teebaum, Kurkumaöl, Rosmarin, Salbei, Beinwell, Goldsiegel, Myrrhe, Zitronengras, Petitgrain, Ylang-Ylang, Pelargonie, Zedernholz, Sandelholz, Zypresse, Rosenholz, Thymian
Kräuter	Kamille, Alfalfa, Ringelblume, Fenchelsamen, Beinwell	Lavendel, Kamille, Zitronenmelisse, Ringelblume	Fenchelsamen, Teebaumblätter, Kurkumapulver, Beinwell, Salbei, Goldsiegel

KÜCHEN-KUREN

Hier sind einige schnelle Rezepte aus Zutaten, die Sie in Ihrer Küche finden:

* **Ein Ei und 2 EL Mais- oder Speisestärke:** Festigt die Haut. Wie eine Maske auftragen und 20 Minuten einwirken lassen.
* **Cantaloupe-Melone:** Beruhigt trockene Haut. Stellen Sie aus frischer, reifer Melone einen Brei her, tragen Sie ihn auf das Gesicht auf und lassen Sie ihn vor dem Abspülen 5 bis 10 Minuten einwirken.
* **Frischer Ananas- oder Papayasaft:** Hellt die Haut auf. Mit einem Wattebausch auftragen und vor dem Abspülen mindestens 10 Minuten einwirken lassen.
* **Grünteebeutel:** Lindern Schwellungen im Augenbereich. Legen Sie feuchte Teebeutel 10 bis 20 Minuten lang auf die Augen.
* **Honig:** Spendet Feuchtigkeit. Verwenden Sie Honig als Gesichtsreiniger oder als Zutat in Pflegerezepten, als Befeuchtungsmittel für Tonerde und Puder-Reiniger, mit Zitronensaft gemischt als Anwendung für fettige Haut oder mit Milch gemischt für trockene Haut.
* **Kartoffel- oder Gurkenscheiben:** Helfen gegen Schwellungen im Augenbereich und Augenringe. Legen Sie die gekühlten Scheiben 10 bis 20 Minuten lang auf die Augen.

Reiniger und Peelings

Diese Reiniger sind ein fantastischer Einstieg: Sie müssen nicht erwärmt werden und sind einfach herzustellen. Die Öle entfernen nicht nur Make-up und Rückstände, sondern pflegen auch die Haut und unterstützen die Heilung. Sie eignen sich zur täglichen Anwendung: Ich stelle sie normalerweise Sonntagmorgen für die ganze Woche im Voraus her. Die Reiniger werden mit Kräuteraufgüssen hergestellt (mehr zu diesem Verfahren finden Sie in Kapitel 3 auf Seite 53).

* FLÜSSIGREINIGER *

Da viele der Reiniger Wasser und Öl enthalten, können sich die Inhaltsstoffe manchmal einzeln absetzen – dies ist für Naturprodukte völlig normal. Schütteln Sie den Reiniger vor der Anwendung einfach kurz durch.

ÄTHERISCHE ÖLE GEGEN HERKÖMMLICHE HAUTLEIDEN

* **Herpes und Lippenbläschen:** Bergamotte, Kamille, Zitrone, Lavendel, Pelargonie
* **Geschädigte Haut:** Kamille, Lavendel, Sandelholz, Rose, Palmarosa
* **Neurodermitis und Schuppenflechte:** Sandelholz, Patschuli, Strohblumen, Kamille, Zedernholz, Weihrauch, Jasmin, Lavendel
* **Ausschlag:** Sandelholz

Gesichtsreiniger für normale, reife oder empfindliche Haut

Dieser sanfte Reiniger enthält Lavendel (beruhigt und strafft die Haut) und Kamille (beruhigt). Aloe, Glycerin, Honig und Jojobaöl spenden Feuchtigkeit und wirken ebenfalls beruhigend auf gereizte oder empfindliche Haut.

ZUTATEN

Für den Kräuteraufguss:

28 g frischer Lavendel oder 14 g getrockneter Lavendel

28 g frische Kamille oder 14 g getrocknete Kamille

1 l Wasser

40 g Aloe-Vera-Pulver

235 ml pflanzliches Glycerin

80 g Honig

15 Tropfen Jojobaöl

10 Tropfen Wildrosenöl

ZUBEREITUNG

Für den Kräuteraufguss: Folgen Sie den Anleitungen auf Seite 53. Mixen Sie mit dem Handmixer den Kräuteraufguss mit den restlichen Inhaltsstoffen in einer sauberen Schüssel. Gießen Sie die Mischung anschließend in eine sterile Flasche aus dunklem Glas. Kühl lagern, am besten im Kühlschrank. Eine Woche haltbar.

Anwendung: Geben Sie ein paar Tropfen des Reinigers auf ein Schwämmchen oder einen Waschlappen. Reinigen Sie mit sanften, kreisenden Bewegungen und spülen Sie mit warmem Wasser nach. Verwenden Sie nach dem Abtrocknen Gesichtswasser und eine Feuchtigkeitspflege.

Ergibt etwa 1 l Reiniger (eine ungefähre Wochenration).

Gesichtsreiniger für fettige Haut

Dieser Reiniger eignet sich wunderbar für zu Akne neigende Haut. Die enthaltenen Kräuter regulieren die Talgproduktion, entfernen überschüssiges Fett und bekämpfen Bakterien. Die enthaltenen Wirkstoffe kurbeln den Selbstheilungsprozess der Haut an und spenden Feuchtigkeit, ohne die Poren zu verstopfen oder einen Fettfilm auf der Haut zu hinterlassen.

ZUTATEN

Für den Kräuteraufguss:

14 g getrocknete Patschuli-Samen

28 g Teebaum-Blätter

28 g Kurkuma

28 g getrocknete Neemblätter

28 g getrocknete Fenchelsamen

14 g getrocknete Süßholzwurzeln (oder 2 EL Süßholz-Extrakt)

2 l Wasser

40 g Aloe-Vera-Pulver

235 ml pflanzliches Glycerin

80 g Honig

15 Tropfen eines der folgenden Öle (oder eine Mischung):

Baobab, Argan, Kamelie, Traubenkern, Jojoba

5 Tropfen Nachtkerzenöl

ZUBEREITUNG

Für den Kräuteraufguss: Folgen Sie den Anleitungen auf Seite 53. Mixen Sie mit dem Handmixer den Kräuteraufguss mit den restlichen Inhaltsstoffen in einer sauberen Schüssel. Gießen Sie die Mischung anschließend in eine sterile Flasche aus dunklem Glas. Kühl lagern, am besten im Kühlschrank. Eine Woche haltbar.

Anwendung: Geben Sie ein paar Tropfen des Reinigers auf ein Schwämmchen oder einen Waschlappen. Reinigen Sie mit sanften, kreisenden Bewegungen und spülen Sie mit warmem Wasser nach. Verwenden Sie nach dem Abtrocknen Gesichtswasser und eine Feuchtigkeitspflege.

Ergibt etwa 2 l Reiniger.

Gesichtsreiniger für trockene oder reife Haut

Diese beruhigende Kräutermischung enthält die natürlichen Feuchtigkeitsspender Aloe, Glycerin und Honig.

ZUTATEN

Für den Kräuteraufguss:
28 g getrocknete Kamille
28 g getrocknete Luzerne
28 g getrocknete Ringelblumen
14 g getrocknete Fenchelsamen
1,5 l Wasser

40 g Aloe-Vera-Pulver
235 ml pflanzliches Glycerin
80 g Honig
15 Tropfen Jojobaöl
15 Tropfen Aprikosenkernöl

ZUBEREITUNG

Für den Kräuteraufguss: Folgen Sie den Anleitungen auf Seite 53. Mixen Sie mit dem Handmixer den Kräuteraufguss mit den restlichen Inhaltsstoffen in einer sauberen Schüssel. Gießen Sie die Mischung anschließend in eine sterile Flasche aus dunklem Glas. Kühl lagern, am besten im Kühlschrank. Eine Woche haltbar.

Anwendung: Geben Sie ein paar Tropfen des Reinigers auf ein Schwämmchen oder einen Waschlappen. Reinigen Sie mit sanften, kreisenden Bewegungen und spülen Sie mit warmem Wasser nach. Verwenden Sie nach dem Abtrocknen Gesichtswasser und eine Feuchtigkeitspflege.

Ergibt etwa 1,5 l Reiniger (eine ungefähre Wochenration).

Make-up-Entferner

Die natürliche, feuchtigkeitsspendende Formel verwendet Öle, um Make-up und Rückstände besonders schonend und gründlich zu entfernen. Die unkomplizierte Rezeptur kann auch als Augen-Make-up-Entferner verwendet werden.

ZUTATEN

30 ml Jojobaöl
15 ml Mandelöl
15 ml pflanzliches Glycerin

ZUBEREITUNG

Mischen Sie alle Inhaltsstoffe und gießen Sie die Flüssigkeit in ein steriles, verschließbares Behältnis.

Anwendung: Geben Sie eine kleine Menge Make-up-Entferner auf ein Wattepad und reiben Sie dieses sanft über die Haut. Verwenden Sie danach einen Gesichtsreiniger, Gesichtswasser und eine Feuchtigkeitspflege Ihrer Wahl.

Ergibt 60 ml

★ CREMEREINIGER ★

Schon vor langer Zeit verwendete man Reiniger auf Creme- oder Lotionsbasis, um Schmutz und Make-up schonend zu entfernen. Diese Rezepturen eignen sich für alle Hauttypen und sind sanfter als Reiniger mit Tensiden, welche die Haut austrocknen können. Die Herstellung ist durch die Aufwärmphasen etwas komplizierter – der Aufwand lohnt sich allerdings! Das Aufwärmen bei der Creme- und Lotionsherstellung ist notwendig, um die Inhaltsstoffe miteinander zu verbinden, insbesondere die Öl- und Wasserbestandteile. Hierfür benötigen Sie außerdem einen Emulgator.

Wie in Kapitel 3 beschrieben erfolgt die Herstellung in mehreren Phasen (siehe Seite 62). Die Wasserphase, Fettphase und das anschließende Abkühlen sind unabdingbar: Phasen A und B töten Bakterien und binden Öl und Wasser; in Phase C erfolgt die Zugabe der empfindlichen Wirkstoffe.

Creme-Reiniger für normale, empfindliche, trockene oder reife Haut

Die feuchtigkeitsspendende und talgregulierende Rosenpelargonie wird durch die Zugabe von Rose und Aloe Vera zu einem multifunktionalen Reiniger verarbeitet.

ZUTATEN

Für Phase A:

80 ml Rosenaufguss (siehe Seite 53)

80 ml Rosenpelargonien oder Wildrosenaufguss (siehe Seite 53)

30 ml Aloe-Vera-Gel

Für Phase B:

28 g pflanzliches Emulgierwachs

80 ml Aprikosenkernöl

Für Phase C:

30 ml pflanzliches Glycerin

1 TL Vitamin E Öl

10 Tropfen Traubenkern-Extrakt

6 Tropfen Palmarosaöl

6 Tropfen Weihrauchöl

6 Tropfen Patschuli- oder Sandelholzöl

1 Tropfen Rosenpelargonienöl

1 Tropfen Jasmin-, Rosen-, oder Ylang-Ylang-Öl

Ergibt 295 ml.

ZUBEREITUNG

Für Phase A und B: Folgen Sie der Anleitung auf Seite 63 und mischen Sie die beiden Phasen bei 77°C.

Für Phase C: Sobald sich die Mischung auf unter 50°C abgekühlt hat, können Sie unter ständigem Rühren Phase C zugeben.

Lassen Sie den Reiniger abkühlen und leicht fest werden, gießen Sie ihn in ein sauberes, verschließbares Behältnis und beschriften Sie dieses mit Namen und Datum.

Anwendung: Geben Sie eine kleine Menge auf ein Schwämmchen oder einen Waschlappen und reinigen Sie die Haut mit sanft kreisenden Bewegungen. Spülen Sie gründlich mit warmem Wasser nach und verwenden Sie nach dem Abtrocknen Gesichtswasser und eine Feuchtigkeitspflege.

ZUBEREITUNG

Für Phase A und B: Folgen Sie der Anleitung auf Seite 63 und mischen Sie die beiden Phasen bei 77 °C.

Phase C: Sobald sich die Mischung auf unter 50 °C abgekühlt hat, können Sie unter ständigem Rühren Phase C zugeben. Lassen Sie den Reiniger abkühlen und leicht fest werden, gießen Sie ihn in ein sauberes, verschließbares Behältnis und beschriften Sie dieses mit Namen und Datum.

Anwendung: Geben Sie eine kleine Menge auf ein Schwämmchen oder einen Waschlappen und reinigen Sie die Haut mit sanft kreisenden Bewegungen. Spülen Sie gründlich mit warmem Wasser nach und verwenden Sie nach dem Abtrocknen Gesichtswasser und eine Feuchtigkeitspflege.

Creme-Reiniger für normale, trockene oder reife Haut

Wiesenschaumkrautöl ist ein ausgezeichneter Feuchtigkeitsspender und wirkt gegen Falten und vorzeitige Hautalterung.

ZUTATEN

Für Phase A:

60 ml Wiesenschaumkrautöl
1 ½ TL Nachtkerzenöl
1 ½ TL Kamelienöl
15 ml Kokosöl
2 TL Wildrosenöl
1 ½ TL Bienenwachs

Für Phase B:

60 ml Aloe-Vera-Saft
45 ml destilliertes Wasser
15 ml pflanzliches Glycerin
¼ TL Borax

Für Phase C:

15 Tropfen Lavendelöl
5 Tropfen Rosenöl

Yield: 1 cup (235 ml).

Creme-Reiniger für empfindliche oder trockene Haut

Dieser tolle Reiniger erfrischt und pflegt die Haut. Besonders gut für die Wintermonate geeignet, wenn die Haut am trockensten ist.

ZUTATEN

1½ TL Sonnenblumenöl
1½ TL Olivenöl
1½ TL Jojobaöl
1 TL Kakaobutter
1½ TL Sojawachs oder Bienenwachs
1½ TL pflanzliches Glycerin
2 Tropfen Kamillenöl
2 Tropfen Lavendelöl

Ergibt 60 ml

ZUBEREITUNG

Erwärmen Sie das Sonnenblumenöl, das Olivenöl, das Jojobaöl, die Kakaobutter und das Wachs im Wasserbad, bis die Mischung flüssig ist. Nehmen Sie dann den Topf von der Kochstelle und fügen Sie unter ständigem Rühren das Glycerin zu. Die Mixtur sollte nun etwas dickflüssiger werden. Geben Sie die ätherischen Öle zu und gießen Sie zum Abkühlen alles in ein sauberes Behältnis.

Anwendung: Massieren Sie mit den Fingern eine kleine Menge mit kreisenden Bewegungen in die Haut ein. Spülen Sie mit warmem Wasser nach, tupfen Sie die Haut trocken und verwenden Sie anschließend Gesichtswasser und eine Feuchtigkeitspflege..

Creme-Reiniger für unreine oder Mischhaut

Die antimikrobielle Wirkung des Neemöls wird in diesem Reiniger durch ätherische Öle ergänzt, welche übermäßiger Talgproduktion entgegenwirken.

ZUTATEN

Für Phase A:
120 ml destilliertes Wasser
54 g Borax

Für Phase B:
60 ml Haselnussöl
1 TL Neemöl
15 ml Kokosöl
1 TL Bienenwachs

Für Phase C:
5 Tropfen Rosmarinöl
5 Tropfen Salbei-Öl
5 Tropfen Goldsiegelwurzöl

Für Phase A und B: Folgen Sie der Anleitung auf Seite 63 und mischen Sie die beiden Phasen bei 77 °C.

Für Phase C: Sobald sich die Mischung auf unter 50 °C abgekühlt hat, können Sie unter ständigem Rühren Phase C zugeben.

Lassen Sie den Reiniger abkühlen und leicht fest werden, gießen Sie ihn in ein sauberes, verschließbares Behältnis und beschriften Sie dieses mit Namen und Datum.

Anwendung: Massieren Sie mit den Fingern eine kleine Menge mit kreisenden Bewegungen in die Haut ein. Spülen Sie mit warmem Wasser nach, tupfen Sie die Haut trocken und verwenden Sie anschließend Gesichtswasser und eine Feuchtigkeitspflege.

Ergibt 235 ml.

Creme-Reiniger für fettige oder Mischhaut

Dieser sanfte Reiniger enthält Trägeröle, die speziell auf die Bedürfnisse fettiger oder Mischhaut abgestimmt sind.

ZUTATEN

Für Phase A:

120 ml Hamamelis

30 ml Aloe-Vera-Gel

Für Phase B:

28 g Emulgierwachs

30 ml Traubenkernöl

30 ml Haselnussöl

15 ml Aprikosenkernöl

1 TL Neemöl

1 TL Vitamin-E-Öl

Für Phase C:

10 Tropfen Fenchelöl

5 Tropfen Teebaumöl

5 Tropfen Pfefferminzöl

5 Tropfen Thymianöl

ZUBEREITUNG

Für Phase A und B: Folgen Sie der Anleitung auf Seite 63 und mischen Sie die beiden Phasen bei 77 °C.

Für Phase C: Sobald sich die Mischung auf unter 50 °C abgekühlt hat, können Sie unter ständigem Rühren Phase C zugeben. Lassen Sie den Reiniger abkühlen und leicht fest werden, gießen Sie ihn in ein sauberes, verschließbares Behältnis und beschriften Sie dieses mit Namen und Datum.

Anwendung: Massieren Sie mit den Fingern eine kleine Menge mit kreisenden Bewegungen in die Haut ein. Spülen Sie mit warmem Wasser nach, tupfen Sie die Haut trocken und verwenden Sie anschließend Gesichtswasser und eine Feuchtigkeitspflege.

Ergibt 235 ml

Puder-Reiniger

Puder-Reiniger sind eine tolle Alternative zu Flüssig- oder Creme-Reinigern und durch ihre Konsistenz besonders lange haltbar. Sie eignen sich bestens zur Schönheitspflege und können außer zum Reinigen auch als Maske verwendet werden. Um Reiniger oder Masken in Puderform aufzutragen, geben Sie einfach mit einem Löffel etwas Puder in die Handfläche und fügen ein Befeuchtungsmittel (siehe unten) hinzu, bis Sie eine Paste erhalten. Tragen Sie die Paste auf Gesicht und Nacken auf (die Augenpartie dabei aussparen), lassen Sie sie 2 bis 5 Minuten einwirken und spülen Sie sie anschließend ab.

Als Befeuchtungsmittel eignen sich Wasser, Milch, Mandelmilch oder Honig. Alternativ können Sie auch Fruchtsäfte, Kräuteraufgüsse oder eine kleine Menge Creme-Reiniger verwenden. In Kapitel 8 finden Sie einige Rezeptideen für verschiedene Jahreszeiten. Honig ist mein persönlicher Favorit.

Bei trockener Lagerung halten sich Puder-Reiniger sehr lange. Die folgenden Rezepte ergeben 168 bis 280 g, sind also zur mehrmaligen Anwendung gedacht. Bewahren Sie Puder und Befeuchtungsmittel immer getrennt auf.

Puder-Reiniger für reife oder trockene Haut

Diese Kombination feuchtigkeitsspendender Tonerden vermindert die Sichtbarkeit von Fältchen und strafft die Haut.

ZUTATEN

60 g weiße Tonerde

40 g Hafermehl oder Reismehl

40 g gemahlene Hagebutten

30 g Lavaerde

14 g Lavendelpuder

14 g Rosenblütenpulver

Ergibt 180 g

ZUBEREITUNG

Mischen Sie in einer Schüssel alle Inhaltsstoffe und geben Sie die Mischung in ein sauberes, trockenes Gefäß.

Anwendung: Geben Sie mit einem Löffel etwas Puder in die Handfläche und fügen Sie ein Befeuchtungsmittel (siehe Seite 80) hinzu, um eine Paste herzustellen. Tragen Sie die Paste auf Gesicht und Nacken auf (die Augenpartie dabei aussparen), lassen Sie sie 2 bis 5 Minuten einwirken und spülen Sie sie anschließend ab.

Sanfter Puder-Reiniger

Dieser schonende Reiniger beruhigt die Haut mit Kamille und reinigt, ohne auszutrocknen. Geeignet für alle Hauttypen, auch für empfindliche Haut. Erfrischt die Haut, versorgt sie mit Feuchtigkeit und bringt sie zum Strahlen.

ZUTATEN

40 g Haferflocken

60 g Ziegenmilchpulver (oder die Haferflockenmenge verdoppeln)

20 g gemahlene Kamille oder Lavendel (oder alternativ 1 TL getrocknete Kamille)

355 ml Sojamilch oder Mandelmilch

20 g Honig

Ergibt 500 g

ZUBEREITUNG

Mischen Sie alle Zutaten im Standmixer, bis Sie eine cremige Masse erhalten. Diese Zubereitung kann in einem luftdichten Behältnis bis zu einer Woche im Kühlschrank aufbewahrt werden. Alternativ können Sie nur die trockenen Inhaltsstoffe mischen und in einem luftdichten Behältnis länger lagern. Geben Sie Milch und Honig dann kurz vor der Verwendung zu.

Anwendung: Tragen Sie den Reiniger mit sanft kreisenden Bewegungen auf die Haut auf und spülen Sie ihn anschließend gründlich mit warmem Wasser ab.

Puder-Reiniger für fettige Haut

Porentiefe Reinigung, die sich bestens für Problemhaut eignet.

ZUTATEN
60 g weiße Tonerde
30 g gemahlene Neemsamen
30 g gemahlener Fenchel
30 g Bentonit (Tonmineralgemisch)

ZUBEREITUNG
Mischen Sie alle Zutaten in einer Schüssel und gießen Sie den Reiniger in ein sauberes, trockenes Behältnis.

Anwendung: Tragen Sie den Reiniger mit sanft kreisenden Bewegungen auf die Haut auf und spülen Sie ihn anschließend gründlich mit warmem Wasser ab.

Ergibt 150 g.

Sanftes Gesichts-Peeling

Dieses Peeling eignet sich für alle Hauttypen, insbesondere empfindliche Haut. Die Haut wird gepflegt, erfrischt und mit Feuchtigkeit versorgt.

ZUTATEN
120 g Milchpulver
40 g Haferflocken
35 g Maismehl
30 g gemahlene Kamille oder Lavendel (oder 1 TL getrocknete Kamille, mit dem Mörser fein zerkleinert)
20 g Honig (als Befeuchtungsmittel)

ZUBEREITUNG
Vermischen Sie die trockenen Zutaten gut miteinander. Die Mischung kann in einem trockenen Behältnis für mehrere Anwendungen aufbewahrt werden. Das Befeuchtungsmittel geben Sie erst kurz vor der Anwendung zu.

Anwendung: Tragen Sie den Reiniger mit sanft kreisenden Bewegungen auf die Haut auf und spülen Sie ihn anschließend gründlich mit warmem Wasser ab.

Ergibt 245 g.

Gesichts-Peelings

Gesichts-Peelings reinigen wie Puder-Reiniger porentief, werden allerdings im Gegensatz zu Masken, die eine gewisse Einwirkzeit haben, sofort abgespült. Peelings entfernen Schmutz und Fett gründlich und tragen abgestorbene Hautzellen ab – die Haut wird sichtbar zum Strahlen gebracht. Nach einem Peeling zieht auch Ihre Feuchtigkeitspflege besser ein.

Mandel-Peeling für alle Hauttypen

Mandeln sind reich an sekundären Pflanzenstoffen, wirken entgiftend und adstringierend – daher eignen sie sich zur Behandlung diverser Hautprobleme. Sonnenblumenkerne enthalten viel Vitamin E, verlangsamen den Alterungsprozess der Hautzellen und lassen Narben verblassen.

ZUTATEN

14 g gemahlene Mandeln

7 g gemahlene Sonnenblumenkerne

5 g Haferflocken (zart)

7 g Weizenkleie

8 g gemahlene Kamille

Mandelöl, Wasser, Honig oder Milch (als Befeuchtungsmittel; nach Bedarf dosieren)

ZUBEREITUNG

Mixen Sie alle Zutaten im Standmixer, bis Sie eine cremige Masse erhalten. Alternativ können Sie alle Mengenangaben verdoppeln, die trockenen Zutaten mischen und die Mischung in einem trockenen Behältnis für mehrere Anwendungen aufbewahren. Das Befeuchtungsmittel geben Sie erst kurz vor der Anwendung zu.

Anwendung: Tragen Sie den Reiniger mit sanft kreisenden Bewegungen auf die Haut auf und spülen Sie ihn anschließend gründlich mit warmem Wasser ab.

Ergibt 42 g.

Peeling für fettige oder Mischhaut

Diese cremige Peeling-Maske enthält Mandeln, Orangenschale und Pfefferminze, um überschüssiges Fett und Akne zu bekämpfen. Die Haut wird porentief gereinigt, ohne auszutrocknen oder gereizt zu werden.

ZUTATEN

60 g weiße Tonerde

30 g gemahlene Mandeln

60 g Ziegenmilchpulver

15 g Maismehl

2 TL gemahlene Orangenschale

2 TL getrocknete Pfefferminzblätter

Honig, Wasser oder Jojobaöl (als Befeuchtungsmittel; nach Bedarf dosieren)

ZUBEREITUNG

Vermischen Sie die trockenen Zutaten gut miteinander. Die Mischung kann in einem trockenen Behältnis für mehrere Anwendungen aufbewahrt werden. Das Befeuchtungsmittel geben Sie erst kurz vor der Anwendung zu.

Anwendung: Tragen Sie den Reiniger mit sanft kreisenden Bewegungen auf die Haut auf und spülen Sie ihn anschließend gründlich mit warmem Wasser ab.

Ergibt 180 g.

Gesichtswasser und Tonics

Gesichtswasser enthält Feuchtigkeitsspender, Öle und hautberuhigende Inhaltsstoffe. Tonics wirken adstringierend, straffen die Haut, verkleinern die Poren und entfernen überschüssige Fette. Beide Varianten verfeinern die Poren und entfernen abgestorbene Hautzellen. Dazu entfernen sie Reste des Reinigers rückstandslos.

Rosen-Gesichtswasser

Rosen-Gesichtswasser versorgt die Haut langanhaltend mit Feuchtigkeit, wirkt der Hautalterung entgegen und gleicht die Talgproduktion aus. Dieses beruhigende Gesichtswasser pflegt und nährt jeden Hauttyp, insbesondere trockene, reife und empfindliche Haut.

ZUTATEN

120 ml destilliertes Wasser

120 ml Rosenwasser (oder Wildrosenaufguss, siehe Seite 53)

60 ml Hamamelis

14 g Aloe-Vera-Gel oder Aloe-Vera-Pulver

ZUBEREITUNG

Mischen Sie alle Inhaltsstoffe. Gießen Sie die Mischung in ein steriles Gefäß, das Sie mit Datum und Namen beschriften.

Anwendung: Geben Sie eine kleine Menge auf ein Wattepad und reinigen Sie die Haut in kreisenden Bewegungen, insbesondere Stirn, Nase und Kinn. Sparen Sie die empfindliche Augenpartie aus. Verwenden Sie anschließend eine Feuchtigkeitspflege.

Ergibt 300 ml

Gesichtswasser für unreine Haut

Teebaumöl, Thymian und Salbei wirken antiseptisch und antibakteriell und bekämpfen Akne-Bakterien und Öle. Die Talgproduktion wird reguliert und die Haut gepflegt.

ZUTATEN

120 ml destilliertes Wasser
60 ml Hamamelis
¾ TL Aloe-Vera-Gel
10 Tropfen Teebaumöl
5 Tropfen Salbeiöl
5 Tropfen Thymianöl

ZUBEREITUNG

Mischen Sie alle Inhaltsstoffe. Gießen Sie die Mischung in ein steriles Gefäß, das Sie mit Datum und Namen beschriften.

Anwendung: Geben Sie eine kleine Menge auf ein Wattepad und reinigen Sie die Haut in kreisenden Bewegungen, insbesondere Stirn, Nase und Kinn. Sparen Sie die empfindliche Augenpartie aus. Verwenden Sie anschließend eine Feuchtigkeitspflege.

Ergibt 180 ml

Grüntee-Gesichtswasser

Dieses Gesichtswasser eignet sich für alle Hauttypen. Grüner Tee steckt voller Antioxidantien und ist ein wahres Wundermittel für reife, trockene Haut. Wirkt beruhigend auf Hautirritationen.

ZUTATEN

235 ml destilliertes Wasser
15 g Grüntee-Blätter
60 ml Hamamelis
1 TL pflanzliches Glycerin

ZUBEREITUNG

Bereiten Sie aus dem destillierten Wasser und den Teeblättern einen Aufguss zu (siehe Seite 53). Geben Sie Hamamelis und Glycerin hinzu und mischen Sie alles gut. Gießen Sie die Mischung in ein steriles Gefäß, das Sie mit Datum und Namen beschriften.

Anwendung: Geben Sie eine kleine Menge auf ein Wattepad und reinigen Sie die Haut in kreisenden Bewegungen, insbesondere Stirn, Nase und Kinn. Sparen Sie die empfindliche Augenpartie aus. Verwenden Sie anschließend eine Feuchtigkeitspflege.

Ergibt 300 ml.

Gesichtswasser gegen Akne

Schafgarbe und Ringelblumen beruhigen und heilen angegriffene Haut und vermindern die Narbenbildung, während die antibakterielle Wirkung von Patschuli- und Teebaumöl Akne verursachende Bakterien bekämpft. Dieses Gesichtswasser ist speziell auf die Bedürfnisse fettiger und zu Akne neigender Haut abgestimmt.

ZUTATEN

470 ml destilliertes Wasser

1 EL getrocknete Schafgarbe

1 EL getrocknete Ringelblumenblätter

1 TL frisch gepresster Zitronensaft

20 g Honig

60 ml Hamamelis

4 Tropfen Patschuliöl

3 Tropfen Teebaumöl

ZUBEREITUNG

Bereiten Sie aus dem destillierten Wasser, der Schafgarbe und den Ringelblumen einen Kräuteraufguss zu (siehe Seite 53).Geben Sie Zitronensaft, Honig, Hamamelis und die ätherischen Öle dazu. Gießen Sie die Mischung in ein steriles Gefäß, das Sie mit Datum und Namen beschriften.

Anwendung: Geben Sie eine kleine Menge auf ein Wattepad und reinigen Sie die Haut in kreisenden Bewegungen, insbesondere Stirn, Nase und Kinn. Sparen Sie die empfindliche Augenpartie aus. Verwenden Sie anschließend eine Feuchtigkeitspflege.

Ergibt 530 ml.

Heilendes Gesichtswasser

Die Eibischwurzel hat ausgezeichnete Heilkraft – traditionell wird sie zur Behandlung von Halsschmerzen und Husten verwendet.

ZUTATEN

470 ml destilliertes Wasser

1 TL gehackte Beinwellwurzel

1 TL gehackte Eibischwurzel

1 TL getrocknete Kamille

1 TL getrocknete Ringelblumen

30 ml Hamamelis

1 TL pflanzliches Glycerin

5 Tropfen Lavendelöl

5 Tropfen Wacholderöl

ZUBEREITUNG

Kochen Sie die Kräuter mit dem destillierten Wasser aus (siehe Seite 55). Geben Sie Hamamelis, Glycerin und ätherische Öle hinzu. Gießen Sie die Mischung in ein steriles Gefäß, das Sie mit Datum und Namen beschriften.

Anwendung: Geben Sie eine kleine Menge auf ein Wattepad und reinigen Sie die Haut in kreisenden Bewegungen, insbesondere Stirn, Nase und Kinn. Sparen Sie die empfindliche Augenpartie aus. Verwenden Sie anschließend eine Feuchtigkeitspflege.

Ergibt 470 ml

Gesichtswasser für empfindliche Haut

Rosenblüten und Kamille beruhigen und nähren die Haut, während Orangenblüten für ein gesundes Strahlen sorgen. Dieses Gesichtswasser eignet sich besonders für trockene und empfindliche Haut.

ZUTATEN

705 ml destilliertes Wasser

2 EL getrocknete Rosenblüten

2 EL getrocknete Kamille

3 EL getrocknete Orangenblüten

60 ml Hamamelis

5 Tropfen Jasminöl

5 Tropfen Neroliöl

ZUBEREITUNG

Bereiten Sie aus dem destillierten Wasser und den Kräutern einen Kräuteraufguss zu (siehe Seite 53). Geben Sie Hamamelis und ätherische Öle hinzu und mischen Sie alles gut. Gießen Sie die Mischung in ein steriles Gefäß, das Sie mit Datum und Namen beschriften.

Anwendung: Geben Sie eine kleine Menge auf ein Wattepad und reinigen Sie die Haut in kreisenden Bewegungen, insbesondere Stirn, Nase und Kinn. Sparen Sie die empfindliche Augenpartei aus. Verwenden Sie anschließend eine Feuchtigkeitspflege.

Ergibt 765 ml.

Cremes und Lotionen

Feuchtigkeitsspender sind für die Hautpflege besonders wichtig und sollten zweimal täglich nach der Reinigung aufgetragen werden. Hier finden Sie Rezepte, die auf verschiedene Hauttypen zugeschnitten sind. Falls Sie die Rezepte gern nach Ihren Bedürfnissen variieren möchten, finden Sie hier außerdem einige Grundrezepte.

Creme für reife, trockene und empfindliche Haut

Kamille beruhigt, während Holunderblüte und Lavendel Feuchtigkeit spenden.

ZUTATEN

Für Phase A:

705 ml destilliertes Wasser

3 EL getrocknete Holunderblüten

2 EL getrocknete Kamille

2 EL getrockneter Lavendel

1 EL Beinwell

1/2 TL Borax

Für Phase B:

28 g Emulgierwachs

1 TL Bienenwachs

37 ml Mandelöl

2 TL Kokosöl

Für Phase C:

10 Tropfen Weihrauchöl

5 Tropfen Palmarosaöl

Ergibt 705 ml

ZUBEREITUNG

Für Phase A: Stellen Sie aus dem destillierten Wasser und den Kräutern einen Aufguss her (siehe Seite 53). Erwärmen Sie die Flüssigkeit im Wasserbad und geben Sie den Borax dazu.

Für Phase B: Erwärmen Sie alle Phase-B-Zutaten im Wasserbad. Folgen Sie der Anleitung auf Seite 63, um Phase A und Phase B bei 77 °C zu mischen. Rühren Sie die Mischung während des Abkühlens oft um.

Für Phase C: Wenn sich die Mischung auf unter 50 °C abgekühlt hat, fügen Sie die Phase-C-Zutaten hinzu. Lassen Sie alles abkühlen und gießen Sie die Mischung in ein steriles Gefäß, das Sie mit Datum und Namen beschriften.

Anwendung: Tragen Sie die Creme nach der Reinigung und der Anwendung von Gesichtswasser mit kreisenden Bewegungen auf die Haut auf. Sparen Sie die Augenpartie dabei aus.

Lotion für fettige oder Mischhaut

Ringelblumen wirken antimikrobiell und regulieren die Talgproduktion, während sie Entzündungen lindern.

ZUTATEN

Für Phase A:

15 ml pflanzliches Glycerin
80 ml destilliertes Wasser

Für Phase B:

28 g Emulgierwachs
60 ml Jojobaöl
60 ml Aprikosenkernöl

Für Phase C:

1 TL Vitamin-E-Öl
10 Tropfen Traubenkern-Extrakt
4 Tropfen Ringelblumenöl
3 Tropfen Patschuliöl
2 Tropfen Rosenpelargonienöl
2 Tropfen Teebaumöl

ZUBEREITUNG

Für Phase A und B: Folgen Sie der Beschreibung auf Seite 63, um die Phasen A und B bei 77 °C miteinander zu vermischen.

Für Phase C: Sobald sich die Mischung auf unter 50 °C abgekühlt hat, geben Sie Phase C unter ständigem Rühren dazu. Gießen Sie die Mischung in ein steriles Gefäß, das Sie mit Datum und Namen beschriften.

Anwendung: Tragen Sie die Creme nach der Reinigung und der Anwendung von Gesichtswasser mit kreisenden Bewegungen auf die Haut auf. Sparen Sie die Augenpartie dabei aus.

Ergibt 235 ml

Körperlotion Grundrezept

Die nächsten beiden Grundrezepte können Sie mit einer Auswahl ätherischer Öle ganz an Ihre individuellen Pflegebedürfnisse anpassen. Die verwendeten Öle sind für alle Hauttypen geeignet und können nach Belieben variiert werden.

ZUTATEN

Für Phase A:

295 ml destilliertes Wasser

Für Phase B:

60 ml Mandelöl
60 ml Nachtkerzenöl
30 ml Wiesenschaumkrautöl
42 g Emulgierwachs

Für Phase C:

15 Tropfen ätherische Öle Ihrer Wahl

ZUBEREITUNG

Für Phase A und B: Folgen Sie der Beschreibung auf Seite 63, um die Phasen A und B bei 77 °C miteinander zu vermischen.

Für Phase C: Sobald sich die Mischung auf unter 50 °C abgekühlt hat, geben Sie Phase C unter ständigem Rühren dazu. Gießen Sie die Mischung in ein steriles Gefäß, das Sie mit Datum und Namen beschriften.

Anwendung: Tragen Sie die Creme nach der Reinigung und der Anwendung von Gesichtswasser mit kreisenden Bewegungen auf die Haut auf. Sparen Sie die Augenpartie dabei aus.

Ergibt 470 ml.

Körpercreme Grundrezept

Ein weiteres Grundrezept, das Sie mit einem Kräuteraufguss oder Kräutersud Ihrer Wahl variieren können.

ZUTATEN

Für Phase A:

120 ml Kräuteraufguss (Seite 53) oder Kräutersud (Seite 55) je nach Hauttyp (siehe Seite 70)

Für Phase B:

14 g Bienenwachs
2 TL Emulgierwachs
30 ml Kokosöl
2 TL Avocado-Öl

Für Phase C:

20 Tropfen ätherische Öle Ihrer Wahl

ZUBEREITUNG

Für Phase A und B: Folgen Sie der Beschreibung auf Seite 63, um die Phasen A und B bei 77 °C miteinander zu vermischen.

Für Phase C: Sobald sich die Mischung auf unter 50 °C abgekühlt hat, geben Sie Phase C unter ständigem Rühren dazu. Gießen Sie die Mischung in ein steriles Gefäß, das Sie mit Datum und Namen beschriften.

Anwendung: Tragen Sie die Creme nach der Reinigung und der Anwendung von Gesichtswasser mit kreisenden Bewegungen auf die Haut auf. Sparen Sie die empfindliche Augenpartie dabei aus.

Ergibt 180 ml.

Pflegeöle und sanfte Reiniger

Diese Rezepte ergeben entweder sanfte Reiniger oder Pflegeöle für das Gesicht, die zusätzliche Feuchtigkeit spenden und die Heilung beschleunigen. Öle eignen sich besonders bei trockener oder gereizter Haut sehr gut zur Reinigung, da sie Schmutz und Rückstände entfernen, ohne den natürlichen Fettfilm der Haut anzugreifen.

Leichtes Pflegeöl oder Reiniger

Ein ausgezeichneter Feuchtigkeitsspender oder Reiniger für empfindliche Haut.

ZUTATEN

120 ml destilliertes Wasser (für Pflegeöl weglassen)

2 TL pflanzliches Glycerin (für Pflegeöl durch 60 ml Jojoba- oder Borretschöl ersetzen)

5 Tropfen Kamillenöl

2 Tropfen Lavendelöl

ZUBEREITUNG

Mixen Sie alle Zutaten gründlich und füllen Sie die Mischung in ein steriles Behältnis.

Anwendung: Pflegeöl: Massieren Sie mit den Fingern einige Tropfen in die Haut ein und lassen Sie das Öl einwirken. Anwendung Reiniger: Tragen Sie etwa 1 EL der Mischung in kreisenden Bewegungen auf das Gesicht auf, spülen Sie mit warmem Wasser nach und tupfen Sie die Haut trocken.

Ergibt 120 ml Reiniger oder 60 ml Pflegeöl.

Akne-Pflegeöl oder -Reiniger

Diese Mischung ätherischer Öle entfernt Bakterien und erfrischt die Haut, ohne sie auszutrocknen oder zu reizen. Auch für Mischhaut ausgezeichnet geeignet.

ZUTATEN

120 ml destilliertes Wasser (für Pflegeöl mit 60 ml Jojoba- oder Traubenkernöl ersetzen)

5 Tropfen Rosmarinöl

5 Tropfen Thymianöl

2 Tropfen Zitronenöl

6 Tropfen Kamillenöl

4 Tropfen Salbei-Öl

60 ml Haselnussöl

ZUBEREITUNG

Mixen Sie alle Zutaten gründlich und füllen Sie die Mischung in ein steriles Behältnis.

Anwendung Pflegeöl: Massieren Sie mit den Fingern einige Tropfen in die Haut ein und lassen Sie das Öl einwirken.

Anwendung Reiniger: Tragen Sie etwa 1 EL der Mischung in kreisenden Bewegungen auf das Gesicht auf, spülen Sie mit warmem Wasser nach und tupfen Sie die Haut trocken. Danach Gesichtswasser und eine Feuchtigkeitspflege anwenden.

Ergibt 180 ml Reiniger oder 120 ml Pflegeöl.

Pflegeöl oder Reiniger für reife Haut

Karottensamenöl wirkt gegen die Zeichen der Hautalterung. Durch die Zugabe von Wildrosen- und Arganöl wird die feuchtigkeitsspendende Wirkung maximiert.

ZUTATEN

120 ml destilliertes Wasser (für Pflegeöl weglassen)
7 Tropfen Karottensamenöl
7 Tropfen Strohblumenöl
6 Tropfen Ringelblumenöl
15 ml Wildrosenöl
1 TL Wiesenschaumkrautöl
2 TL Arganöl

ZUBEREITUNG

Mixen Sie alle Zutaten gründlich und füllen Sie die Mischung in ein steriles Behältnis.

Anwendung Pflegeöl: Massieren Sie mit den Fingern einige Tropfen in die Haut ein und lassen Sie das Öl einwirken.

Anwendung Reiniger: Tragen Sie etwa 1 EL der Mischung in kreisenden Bewegungen auf das Gesicht auf, spülen Sie mit warmem Wasser nach und tupfen Sie die Haut trocken. Danach Gesichtswasser und eine Feuchtigkeitspflege anwenden.

Ergibt 120 ml Reiniger oder 30 ml Pflegeöl.

Gesichts-behandlungen und Seren

Gesichtsbehandlungen sollen bestimmte Haut-beschwerden lindern und werden direkt auf die betroffene Hautpartie aufgetragen. Seren verwenden Sie nach Bedarf zusätzlich zu Ihrer täglichen Feuchtigkeitspflege.

Beruhigendes Gesichtsserum

Ringelblumen- und Beinwellöl beruhigen und heilen die Haut.

ZUTATEN

15 ml Wildrosenöl
5 ml Papayasamenöl
30 ml Wiesenschaumkrautöl
4 Tropfen Ringelblumenöl
2 Tropfen Beinwellöl

Ergibt 60 ml

ZUBEREITUNG

Mixen Sie alle Zutaten gründlich und füllen Sie die Mischung in ein steriles Behältnis. Bei guter Lagerung hält sich dieses Öl 3 bis 6 Monate lang.

Anwendung: Tragen Sie nach der Reinigung einige Tropfen mit den Fingerspitzen auf die Gesichtshaut auf und massieren Sie sie leicht ein. Danach kann bei Bedarf zusätzlich eine Feuchtigkeitspflege angewendet werden.

Akne-Behandlung

Dieses Rezept kann auch zur Desinfizierung von kleinen Abschürfungen und Hautreizungen verwendet werden.

ZUTATEN

20 g Honig
1 TL Neemöl
5 Tropfen Teebaumöl
5 Tropfen Golsiegelblattöl

ZUBEREITUNG

Vermischen Sie alle Zutaten gut und bewahren Sie die Mischung in einem sterilen Gefäß auf, das Sie am besten im Kühlschrank lagern.

Anwendung: Tragen Sie ein paar Tropfen auf die betroffene Stelle auf.

Ergibt 23 ml.

Mitesser-Behandlung

Diese einfache Zubereitung wirkt gegen lästige Mitesser. Petersilie reinigt die Poren und verhindert bei regelmäßiger Anwendung die Neubildung von Mitessern.

ZUTATEN

3 g getrocknete Petersilie
45 ml Hamamelis

ZUBEREITUNG

Zerkleinern Sie mit Mörser und Pistill die Petersilie und Hamamelis. Bewahren Sie die Mischung in einem sterilen Gefäß im Kühlschrank auf.

Anwendung: Geben Sie eine kleine Menge auf die betroffenen Stellen und lassen Sie die Kräuter 5 bis 10 Minuten einwirken. Sie können die Behandlung so oft wie nötig wiederholen.

Ergibt 60 ml.

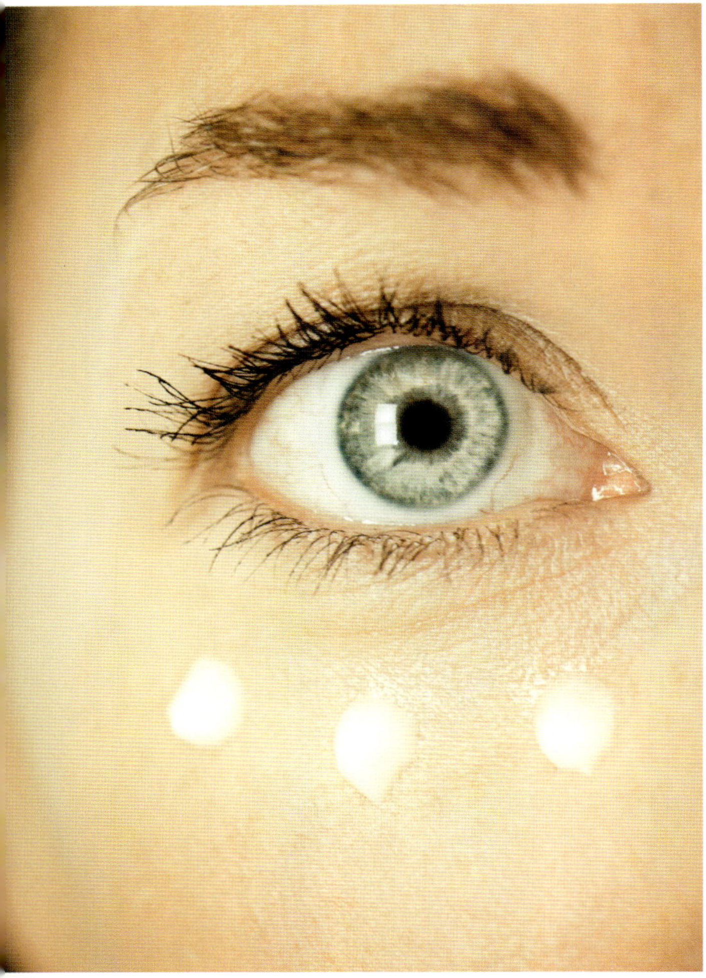

Augenpflege

Die Augenregion ist für viele von uns eine Problemzone. Die empfindliche Haut direkt unter den Augen kann zu Schwellungen und dunklen Ringen neigen und ist für kleine Fältchen besonders anfällig. Die folgenden Rezepte helfen gegen diese Probleme.

Gurken-Augengel

Dieses feuchtigkeitsspendende Augengel beruhigt und kühlt müde Augen. Gurkensaft und Aloe Vera versorgen die Zellen sofort mit Feuchtigkeit.

ZUTATEN

14 g Aloe-Vera-Gel

1 TL frischer Gurkensaft (am besten im Entsafter zubereiten und durch ein Sieb gießen)

¼ TL Maisstärke (oder Speisestärke)

15 ml Hamamelis

ZUBEREITUNG

Erwärmen Sie Aloe Vera, Gurkensaft und Stärke langsam im Wasserbad (die Mischung sollte allerdings nicht kochen). Gießen Sie dann alles in eine Schüssel und geben Sie die Hamamelis dazu. Lassen Sie die Mischung gut abkühlen, bevor Sie sie in ein sauberes Behältnis füllen. Das Gel hält sich im Kühlschrank bis zu einer Woche.

Anwendung: Tupfen Sie das Gel vorsichtig unter die Augen.

Ergibt 30 ml.

Kamille-Augencreme

Die zarte Haut um die Augen ist für Fältchen besonders anfällig und leidet bei Stress. Kamille reduziert Augenringe und Schwellungen und wirkt entzündungshemmend und beruhigend.

ZUTATEN

70 g Karitébutter
14 g Bienenwachs
30 ml Mandelöl
5 Tropfen Kamillenöl
2 Tropfen Palmarosaöl

ZUBEREITUNG

Schmelzen Sie Karitébutter, Bienenwachs und Mandelöl unter vorsichtigem Rühren im Wasserbad. Nehmen Sie den Topf von der Kochstelle, lassen Sie die Mischung auf unter 50 °C abkühlen und geben Sie dann die ätherischen Öle dazu. Gießen Sie alles in ein steriles Gefäß und lassen Sie die Creme fest werden.

Anwendung: Tupfen Sie die Creme vorsichtig unter die Augen.

Ergibt 115 g.

Lippenpflege

Lippenbalsam und Lipgloss sind einfach herzustellen und eine gute Möglichkeit zum Experimentieren. Sie können die Rezepte ganz nach Ihren Wünschen anpassen. Die Ergebnisse eignen sich perfekt als kleine Präsente für Freunde und Familie.

Lipgloss Feuchtigkeit & Volumen

Dieses Rezept verwendet Anis und Zimtöl, um das Lippenvolumen sanft zu vergrößern und die Lippen mit Feuchtigkeit zu versorgen. Wenn Sie sich zusätzlich etwas Farbe wünschen, können Sie etwas rote Beete-Saft oder Pulver dazugeben.

ZUTATEN

- 2 TL Bienenwachs
- 2 TL Kokosöl
- 1/4 TL Vitamin-E-Öl
- 30 ml Mandelöl
- 2 oder 3 Tropfen Zimtöl
- 2 Tropfen Anisöl

ZUBEREITUNG

Erhitzen Sie Bienenwachs, Kokosöl, Vitamin E-Öl und Mandelöl unter Rühren bei mittlerer Wärmezufuhr im Wasserbad. Sobald das Wachs geschmolzen ist, können Sie den Topf von der Kochstelle nehmen und vorsichtig die ätherischen Öle einrühren. Gießen Sie die Mischung in ein sauberes, verschließbares Behältnis und lassen Sie das Lipgloss vor der Verwendung vollständig abkühlen.

Anwendung: Bei Bedarf dünn auf die Lippen auftragen.

Ergibt 45 ml.

Pflegendes Lippen-Peeling

Dieses leicht herzustellende Peeling hilft bei trockenen, rissigen Lippen.

ZUTATEN

23 ml Aprikosenkernöl
2 TL Honig
15 g brauner Zucker (grob)

ZUBEREITUNG

Mixen Sie alle Zutaten in einer sauberen Schüssel. Gießen Sie die Mischung in ein steriles, verschließbares Behältnis.

Anwendung: Reiben Sie eine kleine Menge mit den Fingerspitzen über die Lippen und spülen Sie anschließend mit Wasser nach.

Ergibt 45 ml.

Vanille-Lippenbalsam

Ein einfach herzustellender Lippenbalsam mit herrlichem Vanille-Geschmack.

ZUTATEN

1 TL Honig
30 ml Mandelöl
2 TL Bienenwachs
½ TL Candelillawachs
5 Tropfen Vanille-Extrakt

ZUBEREITUNG

Mixen Sie alle Zutaten in einer sauberen Schüssel. Gießen Sie die Mischung in ein steriles, verschließbares Behältnis.

Anwendung: Mit dem Finger vorsichtig auf die Lippen auftragen.

Ergibt 45 ml.

Natürlicher Sonnenschutz

Obwohl die Sonne uns mit Vitamin D versorgt, sollten Sie Ihre Haut nie ungeschützt den Sonnenstrahlen aussetzen. Gesunde, jugendlich aussehende Haut braucht zu jeder Jahreszeit einen guten Sonnenschutz. Im Handel finden Sie dafür zahlreiche Produkte, allerdings gibt es mittlerweile auch natürliche Alternativen wie Titanoxid oder Zinkoxid – diese mineralischen Filter sind auch in mineralischem Make-up enthalten. Hier stelle ich Ihnen einige weitere Alternativen vor, die Sie einzeln anwenden oder mischen können, um den Lichtschutzfaktor zu erhöhen.

Avocado-Öl:
Reich an Antioxidantien und den Vitaminen A und E. Spendet Feuchtigkeit, ohne die Poren zu verstopfen und zieht schnell ein. LSF 8.

****

Buriti-Öl:
Reich an essentiellen Fettsäuren und Carotinoiden, darunter Betacarotin. Schützt die Haut vor freien Radikalen und heilt sonnengeschädigte Haut. Natürlicher Lichtschutzfaktor.

****

Himbeersamenöl:
Enthält viele essentielle Fettsäuren und Vitamin E. Natürlicher LSF 30-50.

****

Jojobaöl:
Hautverwandtes, pflegendes Öl mit LSF 4. Heilt trockene, gereizte Haut.

****

Karitébutter:
Zieht schnell in die Haut ein und enthält Zimtsäure, welche vor ultravioletter Strahlung schützt. Gute Pflege nach dem Sonnenbad. Reich an Vitamin A und E sowie Antioxidantien und idealer Feuchtigkeitslieferant. Natürlicher LSF 8.

****

Karottensamenöl:
Enthält viel Vitamin A. LSF 15-30. Mischen Sie dieses Öl mit einem Trägeröl (siehe Seite 38).

****

Neemöl:
Heilt angegriffene Haut und kleine Wunden. Natürlicher LSF 2.

****

Sesamöl:
Reich an Vitamin E. Gut für trockene Haut geeignet. LSF 4.

****

Traubenkernöl:
Reich an Antioxidantien; repariert durch Sonneneinwirkung geschädigte Haut. LSF 4.

Himbeersamenöl-Sonnenbalsam

Dieser Balsam ist ein wunderbarer natürlicher Sonnenschutz. Das Bienenwachs macht ihn dazu wasserfest und die enthaltenen Öle heilen sonnengeschädigte Haut.

ZUTATEN

30 ml Himbeersamenöl
15 ml Buriti-Öl
15 ml Avocado-Öl (oder ein anderes Trägeröl, siehe Seite 98)
54 g Bienenwachs
54 g Karitébutter
2 TL Vitamin-E-Öl
11 g Zinkoxid oder Titanoxid
20 Tropfen Karottensamenöl

ZUBEREITUNG

Schmelzen Sie im Wasserbad Himbeersamenöl, Buriti-Öl, Avocado-Öl, Bienenwachs, Karitébutter und Vitamin-E-Öl. Lassen Sie die Mischung etwas abkühlen, bevor Sie Zinkoxid und Karottensamenöl dazugeben. Bewahren Sie den Balsam in einem runden Glasgefäß, einer Dose, einem Lippenbalsam- oder einem Deo-Behältnis auf.

Anwendung: Nach Bedarf auf die Haut auftragen.

Ergibt 196 g

After-Sun-Pflege

Es gibt viele ätherische Öle, welche die beanspruchte Haut nach dem Sonnenbad pflegen. Eine besonders gute Wahl sind Lavendel, Sandelholz, Kamille und Rose.

After-Sun-Kamillenaufguss

Kamille ist für ihre beruhigenden und heilenden Eigenschaften bekannt. Dieser Aufguss ist eine Wohltat bei Sonnenbrand. Im Kühlschrank aufbewahrt kühlt er die schmerzende Haut sofort und beschleunigt die Heilung.

ZUTATEN

2 bis 4 g getrocknete Kamille

235 ml Wasser

30 ml Apfelessig

ZUBEREITUNG

Bereiten Sie aus den Kamillenblüten einen Aufguss zu (siehe Seite 53). Geben Sie den Apfelessig dazu. Gießen Sie die Mischung in eine saubere Sprühflasche und kühlen Sie sie bis zur Anwendung im Kühlschrank.

Anwendung: Auf die betroffenen Hautstellen sprühen (nicht reiben) und trocknen lassen. Anwendung nach Bedarf wiederholen.

Ergibt 235 ml

KÜCHEN-KUREN

Hier sind einige schnelle Körperpflege-Rezepte aus Zutaten, die Sie in Ihrer Küche finden:

* **Apfelessig:** Geben Sie 235 bis 470 ml ins Badewasser, um sonnenverbrannte oder gereizte Haut zu beruhigen.
* **Schwarzer Tee:** Bei Sonnenbrand direkt auf die Haut auftragen.
* **Getrocknete Kamille:** Bereiten Sie einen Aufguss zu (siehe Seite 53), den Sie im Kühlschrank kaltstellen. Sprühen Sie den Aufguss direkt auf sonnengeschädigte Haut.
* **Zitronensaft:** Entfernt Selbstbräuner. Reiben Sie Zitronenscheiben oder einen in Zitronensaft getränkten Wattebausch über die Haut
* **Rohe Kartoffel:** Direkt auf kleine Abschürfungen oder Verbrennungen auftragen. Lindert den Juckreiz nach Insektenstichen.
* **Joghurt:** Schmerzlindernd bei Sonnenbrand

Lavendel-Aloe-Spray

Dies ist eines meiner Lieblingsrezepte. Im Sommer habe ich das Spray immer vorrätig, denn es erfrischt die Haut herrlich und spendet Feuchtigkeit. Außerdem wirkt es beruhigend bei Sonnenbrand.

ZUTATEN

235 ml Aloe-Vera-Gel (alternativ kann auch Aloe-Vera-Extrakt, -Öl oder -Puder verwendet werden)

120 ml Hamamelis

120 ml destilliertes Wasser

15 Tropfen Lavendelöl

ZUBEREITUNG

Gießen Sie alle Zutaten in eine saubere Sprühflasche. Dann gut verschließen und schütteln. Bewahren Sie das Spray am besten im Kühlschrank auf.

Anwendung: Auf die betroffenen Hautstellen sprühen (nicht reiben) und trocknen lassen. Anwendung nach Bedarf wiederholen.

Ergibt 470 ml.

After-Sun-Milch

Diese hautberuhigende Milch lindert den Schmerz bei Sonnenbrand. Aloe Vera versorgt die Haut mit Feuchtigkeit und beschleunigt die Heilung; Gurke wirkt entzündungshemmend.

ZUTATEN

120 ml Aloe-Vera-Saft

120 ml Gurkensaft

235 ml Buttermilch

10 Tropfen Lavendelöl

ZUBEREITUNG

Mischen Sie alle Zutaten in einer Schüssel und weichen Sie anschließend ein Leinen- oder Baumwolltuch in der Milch ein.

Anwendung: Legen Sie die Wickel auf die betroffenen Hautstellen und lassen Sie sie einwirken. Alternativ können Sie die Milch auch als Heilbad anwenden.

Ergibt 470 ml

> KAPITEL 5 <

Rezepte für Körper und Wohlbefinden

Manchmal konzentrieren wir uns so sehr auf sorgfältige Gesichtspflege, dass wir unseren Körper dabei vernachlässigen. Dieses Kapitel dreht sich ganz um die Körperpflege, von Peeling und Feuchtigkeitsspendern bis hin zum inneren Wohlbefinden. Hautpflege, Anti-Stress-Programme für den Körper und Entspannung für den Geist sowie Linderung für Magenbeschwerden sind nur eine Auswahl der wohltuenden Rezepte, die Sie auf den folgenden Seiten finden. Einige der Rezepte sind in Teilen und nicht in exakten Maßeinheiten angegeben, damit Sie die Menge ganz an Ihre Bedürfnisse anpassen können.

ÄTHERISCHE ÖLE UND VERSCHIEDENE BESCHWERDEN

Die folgenden ätherischen Öle helfen bei diversen körperlichen Beschwerden:

* **Cellulite:** Basilikum, Zypresse, Fenchel, Grapefruit, Wacholder, Lavendel, Zitrone, Zitronengras, Mandarine, Kiefer, Rosmarin
* **Desodorierung:** Bergamotte, Muskatellersalbei, Zypresse, Lavendel, Patschuli, Teebaum
* **Schlafstörungen:** Basilikum, Kamille, Muskatellersalbei, Jasmin, Lavendel, Mandarine, Rose, Rosenholz
* **Krampfadern:** Zypresse, Wacholder, Lavendel, Zitrone

Tees

Medizinische Kräutertees werden schon seit Jahrhunderten angewendet, um verschiedene Beschwerden zu lindern. Wie bereits beschrieben, können Tees und Aufgüsse aus getrockneten oder frischen Blättern, Blüten, Samen oder Wurzeln von Kräutern hergestellt werden. Es gibt unzählige wohlschmeckende Kräuterkombinationen und Heiltees – wenden Sie einfach das in Kapitel 3 beschriebene Herstellungsverfahren an und seien Sie etwas kreativ, um Ihre eigenen Teemischungen zu finden.

Gute-Nacht-Tee

Dieser Schlummertee entspannt und beruhigt mit Kamille und Baldrian.

ZUTATEN

1 Teil Kamille
1/4 Teil Haferstroh
1/4 Teil Lindenblüten
1/4 Teil getrocknete Passionsblumenblätter
1/4 Teil Baldrian
1/4 Teil Zitronenverbene
1/4 Teil Ringelblumen
Honig nach Geschmack

ZUBEREITUNG

Bereiten Sie aus den Kräutern einen Aufguss zu (siehe Seite 53). Trinken Sie den Tee vor dem Zubettgehen.

Anti-Stress-Tee

Diese Mischung ist fruchtig und aromatisch. Kamille beruhigt und Zitronenmelisse hebt die Stimmung und hilft gegen nervöse Anspannung.

ZUTATEN

1 Teil Kamille
½ Teil Hagebutten
¼ Teil Zitronenmelisse
¼ Teil Orangenschale
¼ Teil Lindenblüten
¼ Teil Haferstroh

ZUBEREITUNG

Bereiten Sie aus den Kräutern einen Aufguss zu (siehe Seite 53). Nach Bedarf trinken.

Magentee

Krauser Ampfer regt das Verdauungssystem an und wirkt mit den anderen Kräutern in dieser Mischung gegen Verstopfung.

ZUTATEN

1 Teil Krauser-Ampfer-Wurzel
½ Teil Löwenzahnwurzel
½ Teil Süßholzwurzel
¼ Teil Papayablätter
¼ Teil Fenchelsamen

ZUBEREITUNG

Bereiten Sie aus den Kräutern einen Sud zu (siehe Seite 55). Drei-bis viermal pro Tag trinken.

Kopfschmerzfrei-Tee

Mutterkraut hilft bei Kopfschmerzen und Migräne, während Zitronenmelisse Anspannung lindert und die Nerven beruhigt.

ZUTATEN

½ Teil Zitronenmelisse
¼ Teil Mutterkraut
¼ Teil Lavendel
¼ Teil Kamille

ZUBEREITUNG

Bereiten Sie aus den Kräutern einen Aufguss zu (siehe Seite 53). Trinken Sie nach Bedarf 4-5 Tassen täglich, bis die Kopfschmerzen weg sind.

Erkältungstee

Echinacea stärkt das Immunsystem und kurbelt die Produktion weißer Blutkörperchen an. Wenn sich eine Erkältung ankündigt, ist dieser minzig-frische Tee eine gute Wahl.

ZUTATEN

1 Teil Echinaceawurzel
2 Teile Pfefferminze
½ Teil Schafgarbenblätter
½ Teil Zitronenmelisse
½ Teil Salbei
Honig nach Geschmack

ZUBEREITUNG

Bereiten Sie aus den Kräutern einen Aufguss zu (siehe Seite 53). Trinken Sie den Tee, sobald Sie die ersten Anzeichen einer Erkältung bemerken.

Honigmischungen

Honig wird vor allem wegen seiner Heilkraft und als Energielieferant geschätzt. Mit Kräutern und Gewürzen gemischt kann Honig allerlei Beschwerden lindern. Äußerlich angewendet spendet Honig Feuchtigkeit und wirkt antibakteriell – ein idealer Inhaltsstoff für Kosmetikprodukte und Heilsalben.

Husten-Honig

Diese Mischung wirkt gegen Halsschmerzen und Husten.

ZUTATEN

1 Teil Thymian
½ Teil Bockshornklee
½ Teil Pfefferminze
½ Teil Zitronenmelisse

ZUBEREITUNG

Stellen Sie aus allen Zutaten einen Kräuterhonig her (siehe Seite 59).

Anwendung: 1-2 EL pro Tag einnehmen, bis Besserung eintritt. Dieser Honig eignet sich ausgezeichnet für Tees und heiße Zitrone (Honig nicht über 40°C erhitzen).

Grippe- und Erkältungshonig

Die Kräuter in diesem Rezept helfen bei Grippesymptomen und Erkältung, bei Halsschmerzen und bei Bronchialbeschwerden.

ZUTATEN

1 Teil Rosmarin
1 Teil Holunder
½ Teil Ingwer
½ Teil Zitronenmelisse

ZUBEREITUNG

Stellen Sie aus allen Zutaten einen Kräuterhonig her (siehe Seite 59).

Anwendung: 1-2 EL pro Tag einnehmen, bis Besserung eintritt. Dieser Honig eignet sich ausgezeichnet für Tees und heiße Zitrone (Honig nicht über 40°C erhitzen).

Magenwohl-Tee

Die Kräuter und Gewürze dieser Mischung helfen bei Übelkeit und Durchfall und lindern Verdauungsbeschwerden.

ZUTATEN

2 Teile Papayablätter
¼ Teil Zimt
¼ Teil Kurkuma
¼ Teil Kardamom

ZUBEREITUNG

Stellen Sie aus allen Zutaten einen Kräuterhonig her (siehe Seite 59).

Anwendung: 1-2 EL pro Tag einnehmen, bis Besserung eintritt. Dieser Honig eignet sich ausgezeichnet für Tees und heiße Zitrone (Honig nicht über 40°C erhitzen).

Tinkturen

Tinkturen helfen gegen viele verschiedene Beschwerden und gehören in jeden Medizinschrank. Sie sind nicht besonders wohlschmeckend, können aber mit Wasser, Tee oder Saft verdünnt eingenommen werden.

Erkältungs-Tinktur

Diese Mischung hilft gegen Erkältung und Grippebeschwerden.

ZUTATEN

1 Teil Thymianblätter
1 Teil Echinacea
1 Teil Veilchenblätter
1 Teil Pfefferminze
1 Teil Goldsiegel

ZUBEREITUNG

Bereiten Sie aus allen Kräutern eine Tinktur zu (siehe Seite 56).

Anwendung: Nehmen Sie bei Bedarf 3-8 Tropfen 2-8 mal täglich ein. Die Tinktur kann mit Wasser, Tee oder Saft verdünnt werden.

Tinktur für starke Nerven

Diese Tinktur beruhigt die Nerven und löst Anspannung und Stress.

ZUTATEN

1 Teil Kamille
1 Teil Zitronenmelisse
1 Teil Lavendelblüten
2 Teile Haferstroh
1/4 Teil Passionsblume

ZUBEREITUNG

Bereiten Sie aus allen Kräutern eine Tinktur zu (siehe Seite 56).

Anwendung: Nehmen Sie bei Bedarf 3-8 Tropfen 2-8 mal täglich ein. Die Tinktur kann mit Wasser, Tee oder Saft verdünnt werden.

Schönheitstinktur

Diese Mischung entgiftet und wirkt von innen für schönere Haut.

ZUTATEN

1/2 Teil Kletten
1/2 Teil Mahonie
1/2 Teil Mariendistel
1/2 Teil Roter Klee
1/2 Teil Krauser Ampfer
1/4 Teil Thymianblätter

ZUBEREITUNG

Bereiten Sie aus allen Kräutern eine Tinktur zu (siehe Seite 56).

Anwendung: Nehmen Sie morgens, mittags und abends jeweils 3 Tropfen in Wasser, Tee oder Saft verdünnt ein.

Sirup und Hustenbonbons

Sirup und Hustenbonbons sind eine Alternative zu Tinkturen. Sie schmecken deutlich angenehmer und eignen sich daher besonders für Kinder.

Hustensirup

Dieser Sirup stärkt das Immunsystem und hilft bei Bronchialbeschwerden.

ZUTATEN

16 g Echinacea
16 g Süßholzwurzel
2 l Wasser
11 g gemahlener Ingwer
1,3 kg Bio-Zucker
(oder ein Süßungsmittel Ihrer Wahl)

ZUBEREITUNG

Bereiten Sie aus allen Zutaten einen Sirup zu (siehe Seite 58).

Anwendung: 1-2 EL pro Tag einnehmen, bis Besserung eintritt.

Ergibt 1-1,5 l.

Halsbonbons

Diese Bonbons beruhigen den gereizten, entzündeten Hals. Ich stelle jeden Herbst genug davon her, um über den Winter zu kommen. Die Bonbons stärken das Immunsystem und wirken besonders gut, wenn sie bei den ersten Anzeichen einer Erkältung eingenommen werden. Außerdem erfrischen sie den Atem.

ZUTATEN

28 g Thymian, getrocknet
28 g Tulpenbaum-Knospen, getrocknet
14 g Echinacea, getrocknet
14 g Eibisch
6 g Pfefferminze
470 ml Wasser
1 EL Süßholzwurzel, gemahlen
2 EL Ingwer, gemahlen
905 g Bio-Zucker
½ TL Weinstein
Puderzucker zum Bestäuben

Die Menge reicht für eine 20,3 x 28 cm große Auflaufform.

ZUBEREITUNG

Erwärmen Sie Thymian, Tulpenbaum-Knospen, Echinacea, Eibisch, Pfefferminze und Wasser im Wasserbad, bis die Mischung leicht köchelt (1 u. 2).

Geben Sie Süßholzwurzel und Ingwer dazu und rühren Sie, bis die Pulver sich aufgelöst haben (3 u. 4). Nehmen Sie den Topf vom Herd und gießen Sie die Mischung ab (5).

Gießen Sie den Aufguss in einen Topf und bringen Sie ihn zum Kochen (6). Geben Sie Zucker und Weinstein dazu (7 u. 8) und erwärmen Sie die Mischung bis auf 129 °C.

Gießen Sie die Mischung in eine kalt ausgespülte Auflaufform aus Glas (20,3 x 28 cm) und lassen Sie sie abkühlen. Sobald die Mischung sich soweit erhärtet hat, dass sie ihre Form behält, können Sie die Bonbons in kleine Stücke schneiden (10). Warten Sie mit dem Schneiden nicht zu lange, damit die Bonbons nicht auseinanderbrechen (11).

Legen Sie die Arbeitsplatte mit Backpapier aus und bestäuben Sie dieses mit Puderzucker oder gemahlenem Ingwer. Brechen Sie die Bonbons auseinander und bestreuen Sie sie mit Puderzucker – so kleben sie nicht aneinander (12). Bewahren Sie die fertigen Bonbons in einer trockenen Dose auf.

Salben

Salben haben viele Einsatzmöglichkeiten. Sie versorgen die Haut mit Feuchtigkeit, wirken der Hautalterung entgegen, desinfizieren Wunden und lindern Gelenkschmerzen. Die Kräutermengen können Sie individuell anpassen, um die Stärke der Heilwirkung zu regulieren. Die Herstellungsanleitung für Salben finden Sie in Kapitel 3.

Ringelblumen-Amaranth-Heilsalbe

Ringelblume wirkt antibakteriell und hat ausgezeichnete Heilkraft. Amaranthblüten, -blätter und -wurzeln wirken stark antiseptisch. Die Salbe ist perfekt für kleine Abschürfungen und Schnitte geeignet.

ZUTATEN

2 Teile Ringelblumen
1 Teil Kochbananenblätter
1 Teil Amaranth
235 ml Öl nach Wahl (am besten Sesamöl)
54 g Bienenwachs

ZUBEREITUNG

Bereiten Sie aus allen Zutaten eine Salbe zu (siehe Seite 60). Bei Bedarf auf die betroffenen Hautstellen auftragen.

Ergibt 300 ml.

Salbe gegen Gelenkschmerzen und blaue Flecken

Beinwell beruhigt und beschleunigt die Gewebeheilung.

ZUTATEN

2 Teile Beinwell
1 Teil Thymian
1 Teil Rosmarin
15 Tropfen Arnika-Extrakt
5 Tropfen Lavendelöl
235 ml Sesamöl (oder ein anderes Trägeröl)
54 g Bienenwachs

ZUBEREITUNG

Bereiten Sie aus allen Zutaten eine Salbe zu (siehe Seite 60). Bei Bedarf auf die betroffenen Hautstellen auftragen.

Ergibt 300 ml.

Schönheitssalbe

Lavendel spendet der Haut Feuchtigkeit und besitzt ausgezeichnete Heilkraft. Hibiskus pflegt die Haut samtweich, strafft und wirkt gegen Fältchen.

ZUTATEN

1 Teil Lavendel (Menge nach Belieben)
1 Teil Hibiskus
½ Teil Rosenblütenblätter
54 g Karitébutter
235 ml Jojoba- oder Wildrosenöl
54 g Bienenwachs

ZUBEREITUNG

Bereiten Sie aus allen Zutaten eine Salbe zu (siehe Seite 60).

Anwendung: Täglich auf Gesicht und Problemzonen wie Lippen, Augenpartie und Hals auftragen. Auch als Nagelhautbehandlung und für Ellenbogen und Fersen geeignet.

Ergibt 300 ml

Packungen und Kompressen

Ausschlag, Schnitte, blaue Flecken und andere Hautprobleme lassen sich wunderbar mit Packungen und Kompressen behandeln. Dafür wird eine Kräutermischung in Öl oder Wasser gelöst und zu einer Paste verarbeitet. Die Paste kann direkt auf die betroffenen Stellen aufgetragen oder als Kompresse auf Baumwolltücher oder Mullbinden gegeben werden, die dann um die betroffenen Stellen gewickelt werden und so länger einwirken können.

Kompresse zur Wundheilung

Diese Kompresse hilft bei langsam heilenden oder infizierten Wunden.

ZUTATEN

2 EL frische oder 1EL getrocknete Ringelblumen

2 EL frischer oder 1 EL getrockneter Beinwell

1 EL warmes Wasser

5 Tropfen Lavendelöl

ZUBEREITUNG

Zermahlen Sie die Kräuter mit Mörser und Pistill und geben Sie das Wasser dazu. Zerstoßen Sie alle Zutaten zu einer Paste. Geben Sie die ätherischen Öle dazu und mischen Sie erneut alles durch.

Anwendung: Geben Sie die Paste mit einem Löffel auf eine Mullbinde und legen Sie eine weitere Binde darüber. Wickeln Sie die Kompresse um die betroffene Stelle und lassen Sie sie mindestens 20 bis 40 Minuten einwirken. Anwendung bei Bedarf wiederholen.

Ergibt eine Kompresse.

Krampfader-Kompresse

Schafgarbe wirkt entzündungshemmend und hilft gegen Krampfadern.

ZUTATEN

2 EL Schafgarbe

1 EL warmes Wasser

5 Tropfen Zypressenöl

ZUBEREITUNG

Mischen Sie Schafgarbe und Wasser im Mörser. Zerstoßen Sie alle Zutaten zu einer Paste. Geben Sie die ätherischen Öle dazu und mischen Sie erneut alles durch.

Anwendung: Geben Sie die Paste mit einem Löffel auf eine Mullbinde und legen Sie eine weitere Binde darüber. Wickeln Sie die Kompresse um die betroffene Stelle und lassen Sie sie mindestens 20 bis 40 Minuten einwirken. Anwendung bei Bedarf wiederholen.

Ergibt eine Kompresse.

Kompresse bei Prellungen

Schafgarbe wirkt entzündungshemmend und Ackerschachtelhalm ist reich an Mineralien und heilt Knochen und Gelenke.

ZUTATEN

2 EL Beinwell
1 EL Ackerschachtelhalm
1 EL warmes Wasser
5 Tropfen Lavendelöl

ZUBEREITUNG

Mischen Sie Schafgarbe, Ackerschachtelhalm und Wasser im Mörser. Zerstoßen Sie alle Zutaten zu einer Paste. Geben Sie die ätherischen Öle dazu und mischen Sie erneut alles durch.

Anwendung: Geben Sie die Paste mit einem Löffel auf eine Mullbinde und legen Sie eine weitere Binde darüber. Wickeln Sie die Kompresse um die betroffene Stelle und lassen Sie sie mindestens 20 bis 40 Minuten einwirken. Anwendung bei Bedarf wiederholen.

Ergibt eine Kompresse.

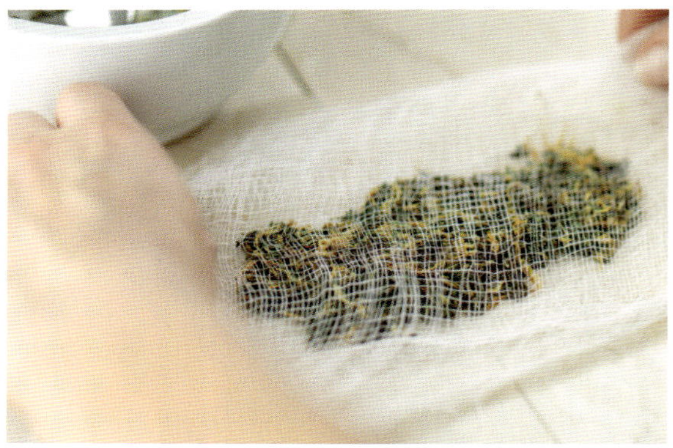

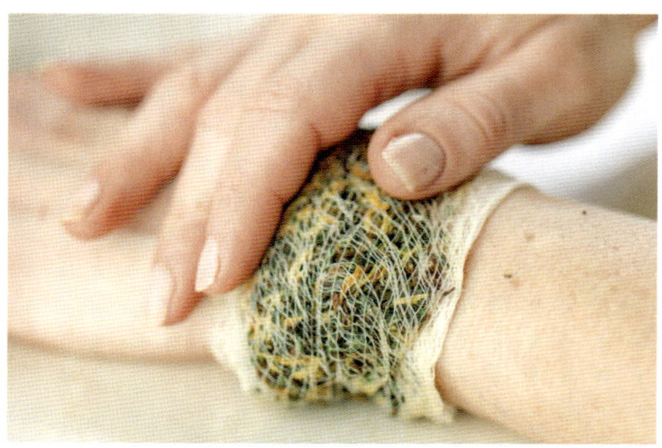

Dampfinhalation

Dampfinhalationen wirken sich positiv auf das Hautbild aus und sind besonders in der Erkältungszeit ein beliebtes Mittel gegen verstopfte Nase, Sinusitis und verschleimte Atemwege. (Nicht bei nässender Akne, Sonnenbrand, geschädigter oder überempfindlicher Haut anwenden.)

Erkältungs-Inhalation

Diese Inhalation wirkt gegen verstopfte Nase und festsitzenden Schleim – Sie können wieder durchatmen. Außerdem ist der Dampf eine Wohltat für die Haut.

ZUTATEN

2 l destilliertes Wasser
3 EL Eukalyptusblätter
1 EL Salbeiblätter
1 EL Ginkgoblätter
1 EL Rosmarinblätter
2 Tropfen Gewürznelkenöl
2 Tropfen Wacholderöl
2 Tropfen Ravensaraöl

ZUBEREITUNG

Bringen Sie das Wasser zum Kochen. Gießen Sie es in eine Schüssel, geben Sie die Kräuter und ätherischen Öle dazu und lassen Sie alles ein paar Minuten ziehen.

Anwendung: Platzieren Sie die Schüssel so, dass Sie bequem etwa 10 Minuten lang davor sitzen können. Hängen Sie sich ein Handtuch über den Kopf, halten Sie das Gesicht über den Dampf und atmen Sie tief durch.

Ergibt eine Inhalation.

Schönheitsdampfbad

Dieses Dampfbad befreit die Poren, spendet Feuchtigkeit und sorgt für erfrischte Haut.

ZUTATEN

705 ml destilliertes Wasser
60 ml Apfelessig
1 TL Lavendel
1 TL Rosmarin
1 TL Kamille

ZUBEREITUNG

Bringen Sie das Wasser zum Kochen. Gießen Sie es in eine Schüssel, geben Sie den Essig und die Kräuter dazu und lassen Sie alles ein paar Minuten ziehen.

Anwendung: Platzieren Sie die Schüssel so, dass Sie bequem etwa 10 Minuten lang davor sitzen können. Hängen Sie sich ein Handtuch über den Kopf, halten Sie das Gesicht über den Dampf und atmen Sie tief durch.

Ergibt eine Inhalation.

Badezusätze

Im Badewasser können Kräuter und Salze ihre Wirkung besonders gut entfalten und helfen so gegen verschiedene Beschwerden, von Muskel- und Gelenkschmerzen über Stress bis hin zu trockener Haut.

Badesäckchen für müde Muskeln und Gelenke

Dieser entschlackende Badezusatz beruhigt und entspannt schmerzende Gelenke und Muskeln.

ZUTATEN

288 g Bittersalz
72 g Badesalz
120 g Natron
24 g Wacholderbeeren
3 Tropfen Zypressenöl
3 Tropfen Pfefferminzöl
3 Tropfen Kamillenöl
3 Tropfen Rosmarinöl

ZUBEREITUNG

Geben Sie alle Zutaten in ein Baumwollsäckchen, schütteln Sie alles zum Vermischen und binden Sie das Säckchen oben zu. Hängen Sie es dann direkt unter dem Wasserstrahl in die Wanne. Das Säckchen kann während der gesamten Badezeit im Wasser hängen bleiben.

Ergibt ein Badesäckchen.

Entspannendes Badesäckchen

Diese wohltuend-entspannende Kräutermischung hilft Ihnen dabei, den Stress des Tages hinter sich zu lassen.

ZUTATEN

8 g Kamille, getrocknet
8 g Lavendel, getrocknet
8 g Hagebutten, getrocknet
8 g Beinwellblätter, getrocknet

ZUBEREITUNG

Geben Sie alle Zutaten in ein Baumwollsäckchen, schütteln Sie alles zum Vermischen und binden Sie das Säckchen oben zu. Hängen Sie es dann direkt unter dem Wasserstrahl in die Wanne. Das Säckchen kann während der gesamten Badezeit im Wasser hängen bleiben.

Ergibt ein Badesäckchen.

Fußbad

Diese erfrischende Zubereitung spendet Feuchtigkeit, macht die Haut weicher und belebt müde Füße.

ZUTATEN

1200–1400 ml kochendes Wasser
16 g Lavendel, getrocknet
22 g Ingwer, getrocknet
8 g Salbei, gemahlen
2 EL Pfefferminze, getrocknet
2 EL Rosmarin, getrocknet
10 Tropfen Zitronenverbenenöl
1 EL Bittersalz

ZUBEREITUNG

Mischen Sie alle Zutaten in einer großen Schüssel. Lassen Sie das Bad durchziehen und etwas abkühlen. Sobald die Wassertemperatur auszuhalten ist, können Sie das Fußbad genießen.

Ergibt ein Fußbad.

Erkältungs-Badeöl

Dieses Ölbad lindert Kopf- und Gliederschmerzen und die ätherischen Öle wirken schleimlösend.

ZUTATEN

30 ml Jojobaöl
30 ml Mandelöl
3 Tropfen Basilikumöl
3 Tropfen Rosmarinöl
3 Tropfen Pfefferminzöl
3 Tropfen Eukalyptusöl
3 Tropfen Zitronenöl

ZUBEREITUNG

Geben Sie die Öle in die Badewanne, während das Wasser einläuft und rühren Sie gut um. Genießen Sie das entspannende Bad.

Schönheits-milchbad

Dieser Badezusatz vertreibt Stress, hilft gegen Gelenk- und Gliederschmerzen und pflegt die Haut samtweich.

ZUTATEN

144 g Bittersalz
60 g Natron
60 ml Kokosmilch
30 ml Mandelöl
2 Tropfen Vanilleextrakt
3 Tropfen Pelargonienöl
3 Tropfen Kamillenöl
2 Tropfen Muskatellersalbeiöl

ZUBEREITUNG

Geben Sie die Öle in die Badewanne, während das Wasser einläuft, und rühren Sie gut um. Genießen Sie das entspannende Bad.

Die Menge reicht jeweils für ein Bad.

Körperbutter und Peelings

Körperbutterzubereitungen sind feste Cremes mit aktiven Wirkstoffen, welche die Haut regenerieren und mit Feuchtigkeit versorgen. Körperpeelings enthalten feine Schleifpartikelchen, die abgestorbene Hautzellen sanft entfernen und dafür sorgen, dass die Haut Cremes und Lotionen besser aufnehmen kann.

Feuchtigkeits-Körperbutter

Diese leicht herzustellende Körperbutter ist ein fantastischer Feuchtigkeitsspender und auch für sehr trockene Haut geeignet. Die enthaltenen Öle sind besonders feuchtigkeitsspendend – Sie können das Rezept jedoch auch mit Ihren Lieblingsölen variieren.

ZUTATEN

2 EL Kakaobutter
2 EL Karitébutter
1 EL Buriti-Öl
1 EL Mandelöl
1 EL Wiesenschaumkrautöl
1 EL Avocado-Öl
1 EL Kokosöl
2 EL Bienenwachs

ZUBEREITUNG

Schmelzen Sie alle Zutaten unter Rühren im Wasserbad. Gießen Sie die Mischung in ein steriles, verschließbares Behältnis und lassen Sie sie abkühlen. Bei kühler Lagerung hält sich die Körperbutter bis zu einem Monat.

Anwendung: Bei Bedarf auf Ellenbogen, Fersen und andere besonders trockene Hautpartien auftragen.

Ergibt 165 g

Kokos-Körperbalsam

Dieser Balsam ist ein toller Feuchtigkeitsspender und duftet besonders angenehm.

ZUTATEN

105 ml Kokosöl
14 g Kakaobutter
1 1/2 TL Karitébutter
1 TL Bienenwachs
15 Tropfen Orangenöl
5 Tropfen Ingweröl

ZUBEREITUNG

Schmelzen Sie alle Zutaten unter Rühren im Wasserbad. Gießen Sie die Mischung in ein steriles, verschließbares Behältnis und lassen Sie sie abkühlen.

Anwendung: Bei Bedarf auf trockene Hautpartien auftragen.

Ergibt 120 ml.

Peeling mit Kokos und braunem Zucker

Ein Peeling mit sommerlichem Duft, das die Haut samtweich pflegt und mit Feuchtigkeit versorgt.

ZUTATEN

90 ml Kokosöl
225 g brauner Zucker, grob
5 Tropfen Ingweröl

ZUBEREITUNG

Erhitzen Sie das Kokosöl, den Zucker und die ätherischen Öle unter Rühren im Wasserbad. Gießen Sie die Mischung in ein steriles, ver-schließbares Behältnis und lassen Sie sie abkühlen.
Anwendung: Unter der Dusche in kreisenden Bewegungen mit einem Badeschwamm, Waschlappen oder der Handfläche über die Haut reiben und gut abspülen.

Ergibt 315 g.

Cellulite-Peeling

Die Zutaten dieses Peelings wirken aktiv gegen Cellulite. Das Produkt ist zwar nicht besonders ansehnlich, aber bei regelmäßiger Anwendung sehr effektiv.

ZUTATEN

40 g Braunalgenpulver
20 g Lappentang
50 g Zucker
60 g frisch gemahlene Kaffeebohnen
80 g Meersalz, grob
235 ml Sesam- oder Mandelöl (oder ein Öl Ihrer Wahl)
10 Tropfen Grapefruitöl

ZUBEREITUNG

Mischen Sie alle Zutaten und füllen Sie das Peeling in ein sauberes, verschließbares Behältnis. Hält sich im Kühlschrank aufbewahrt 2-3 Wochen.

Anwendung: Massieren Sie das Peeling während des Duschens mit den Fingerspitzen oder einem Badeschwamm in kreisenden Bewegungen auf Problemzonen wie die Oberschenkelhaut.

Ergibt 470 ml.

Fußpeeling mit braunem Zucker

Diese Rezeptur wirkt gegen trockene, rissige Haut und Hornhaut an den Füßen.

ZUTATEN

1 TL Kokosöl
60 g brauner Zucker
2 EL frisch gepresster Zitronensaft
2 EL Aloe-Vera-Saft

ZUBEREITUNG

Erwärmen Sie das Kokosöl und rühren Sie den Zucker, Zitronensaft und Aloe-Vera-Saft ein. Füllen Sie das Peeling in ein sauberes, verschließbares Behältnis.

Anwendung: Massieren Sie etwa 1 EL pro Fuß in Ferse und Fußsohle ein. Anschließend gut abspülen und abtrocknen.

Ergibt 60 g.

Fußpeeling mit Bims

Dieses Peeling ist eine Wohltat für trockene, rissige Füße. Es versorgt die Haut zusätzlich mit Feuchtigkeit.

ZUTATEN

2 EL Bimspulver
60 ml Sesamöl
10 Tropfen Eukalyptusöl

ZUBEREITUNG

Mischen Sie alle Zutaten in einem sterilen Behältnis.

Anwendung: Massieren Sie etwa 1 EL pro Fuß in Ferse und Fußsohle ein. Anschließend gut abspülen und abtrocknen.

Ergibt 60 g.

Massage-Öle

Massage-Öle sollte man immer vorrätig haben – sie wirken gegen Stress, entschlacken und helfen bei Muskelschmerzen. Trinken Sie nach der Massage ausreichend Wasser mit Zitrone, um den Entgiftungsprozess zu unterstützen.

Partnermassage-Öl

Partnermassagen sind eine tolle Möglichkeit, nach einem stressigen Tag gemeinsam zu entspannen. Eine Mischung aus Zimt- und Vanilleextrakt wirkt entspannend und verwöhnt die Sinne. Zimt wärmt und Vanille löst Verspannungen und Stress.

ZUTATEN

235 ml Traubenkernöl
60 ml Weizenkeimöl
10 Tropfen Zimtöl
5 Tropfen Vanilleextrakt

ZUBEREITUNG

Mischen Sie alle Zutaten in einem sterilen Behältnis. Bei guter Lagerung hält sich das Öl 3-6 Monate.

Anwendung: Mit kreisenden Bewegungen in die Haut einmassieren.

Ergibt 295 ml.

Massage-Säckchen

Massage-Säckchen eignen sich hervorragend zur Behandlung von Muskelschmerzen und Verspannungen. Sie können eine beliebige Kräutermischung verwenden und dazu Öle wählen, welche die Haut beruhigen und mit Feuchtigkeit versorgen. Für sehr verspannte, schmerzende Muskeln geben Sie ein paar Tropfen Arnika-Öl dazu. Nach der Behandlung werden Sie sich wie neu geboren fühlen.

ZUTATEN

120 ml Mandelöl
30 ml Kokosöl
3 EL Lavendel, getrocknet
3 EL Jasmin, getrocknet
1 EL Wacholderbeeren
3 EL Rosmarin, getrocknet

ZUBEREITUNG

Erhitzen Sie Mandel- und Kokosöl im Wasserbad (1). Achten Sie darauf, dass die Öle nicht zu heiß werden. Mischen Sie die trockenen Kräuter und halbieren Sie die Menge. Legen Sie jeweils eine Hälfte in die Mitte eines Baumwoll- oder Mullstreifens (2).

Raffen Sie den Stoff oben zusammen und verschließen Sie ihn mit Bindfaden (3 u. 4). Legen Sie die Säckchen in die Ölmischung und warten Sie, bis sie vollständig durchtränkt sind (5). Achten Sie darauf, dass das Öl nicht zu heiß ist, bevor Sie die Säckchen zum Massieren verwenden.

Anwendung: Massieren Sie mit den Säckchen in kreisenden Bewegungen über die betroffenen Stellen (6). Wenn sie zu sehr abkühlen, können sie kurz wieder in das Öl gelegt werden.

Ergibt 2 Säckchen.

Muskel-Massageöl

Diese wirksame Ölmischung hilft bei schmerzenden Muskeln und Verspannungen.

ZUTATEN

235 ml Traubenkernöl
60 ml Weizenkeimöl
15 ml Arnika-Öl
15 Tropfen Kampferöl
15 Tropfen Zypressenöl

ZUBEREITUNG

Mischen Sie alle Zutaten in einem sterilen Behältnis. Bei guter Lagerung hält sich das Öl 3-6 Monate. Um die Wirkung zu verstärken, können Sie das Traubenkernöl und 24 g Wacholderbeeren auf kleiner Flamme 15 bis 20 Minuten lang im Wasserbad erhitzen. Gießen Sie dann die Wacholderbeeren ab, fügen Sie die restlichen Zutaten hinzu und massieren Sie schmerzende Muskeln mit der warmen Ölmischung.

Anwendung: Mit kreisenden Bewegungen in die Haut einmassieren. Achten Sie darauf, dass das Öl nicht zu heiß ist, bevor Sie mit der Massage beginnen.

Ergibt 295 ml.

Körperpuder und Deodorants

Körperpuder sind eine Mischung verschiedener Puder, deren Inhaltsstoffe gut für die Haut sind und Öle und Gerüche aufnehmen können. Deodorants bekämpfen geruchsbildende Bakterien und hinterlassen einen frischen Duft.

Körperpuder

Ergibt 330 g.

Ein erfrischender Puder, der Feuchtigkeit aufnimmt und zart nach Lavendel duftet.

ZUTATEN

120 g weiße Tonerde
120 g Pfeilwurzelpulver
60 g Reismehl
30 g Lavendel, gemahlen
10 Tropfen ätherisches Öl Ihrer Wahl

ZUBEREITUNG

Mischen Sie Tonerde, Pfeilwurzelpulver,

Reismehl und Lavendel in einer Schüssel. Fügen Sie unter Rühren Tropfen für Tropfen das ätherische Öl hinzu und vermischen Sie alles gut.

Anwendung: Bei Bedarf auf den Körper auftragen.

Fußpuder

Ergibt 370 g.

Dieser Puder nimmt Flüssigkeit auf und bekämpft Gerüche.

ZUTATEN

220 g Natron
120 g Pfeilwurzelpulver
30 g Orangenschale, gemahlen
25 Tropfen Pfefferminzöl
15 Tropfen Teebaumöl

ZUBEREITUNG

Mischen Sie alle trockenen Zutaten in einer Schüssel. Fügen Sie unter Rühren Tropfen für Tropfen das ätherische Öl hinzu und vermischen Sie alles gut.

Anwendung: Direkt auf die Füße auftragen oder in Socken/Schuhe streuen.

Creme-Deodorant

Natron nimmt Gerüche sehr gut auf und wird zusammen mit Pelargonien- und Teebaumöl zu einem wirkungsvollen Deo. Durch die Zugabe von Kokosöl spendet das Deo außerdem Feuchtigkeit.

ZUTATEN

14 g Bienenwachs, 14 g Candelillawachs
60 ml Kokosöl, 30 ml Jojobaöl
28 g Natron, 8 g Pfeilwurzelpulver
8 g weiße Tonerde
10 Tropfen Pelargonienöl
10 Tropfen Teebaumöl
Optionale desodorierende ätherische Öle: Pelargonie, Zitrone, Teebaum, Lavendel, Zypresse

ZUBEREITUNG

Erhitzen Sie die Wachse mit dem Kokos- und Jojobaöl unter Rühren im Wasserbad (1). Gießen Sie die Mischung in eine Glasschüssel (2). Geben Sie Natron, Pfeilwurzelpulver und Tonerde dazu und mischen Sie alles gut durch (3). Fügen Sie dann unter Rühren Tropfen für Tropfen das ätherische Öl hinzu und vermischen Sie nochmals alles gut (4). Gießen Sie die Mischung in ein sauberes Behältnis oder einen Deospender (5 u. 6).

Anwendung: Nach Bedarf auf die Haut auftragen.

Ergibt 160 g.

1

2

3

4

5

6

Zahnpastas

Die folgenden Zahnpastazubereitungen reinigen effektiv und schonen Ihren Geldbeutel. Natron hat sich bei der Zahnpflege bewährt und Pfefferminze und Zimt erfrischen den Atem. Sie können beide Rezepturen im Voraus in größeren Mengen zur täglichen Verwendung herstellen – geben Sie jedoch das Öl (im ersten Rezept) bzw. Wasser (im zweiten Rezept) erst kurz vor dem Putzen dazu. Die Zahnweiß-Behandlung entfernt effektiv und kostengünstig kleine Verfärbungen.

Pfefferminz-Zahnpasta

Pfefferminze wirkt antiseptisch, bekämpft Bakterien im Mundraum und sorgt für frischen Atem.

ZUTATEN

1½ TL getrocknete Pfefferminze
120 ml destilliertes Wasser
½ TL Mandelöl
½ TL Mais- oder Speisestärke

ZUBEREITUNG

Bereiten Sie aus der Pfefferminze und dem destillierten Wasser einen Aufguss zu (siehe Seite 53), den Sie in einem verschließbaren Behältnis aufbewahren. (Der Aufguss kann auch als Mundwasser verwendet werden.)

Anwendung: Mischen Sie Öl und Stärke in einer kleinen Schüssel zu einer Paste, geben Sie diese auf Ihre Zahnbürste und gießen Sie darüber eine kleine Menge des Pfefferminz-Aufgusses. Putzen Sie wie gewohnt.

Ergibt 120 ml.

Zimt-Zahnpasta

Zimt hat antiseptische und adstringierende Eigenschaften, wirkt gegen Bakterien und erfrischt den Atem. Das Gewürz eignet sich daher besonders gut als Zutat in Zahnpastas und Mundwasser.

ZUTATEN

14 g Natron
1 TL Zimt
120 ml destilliertes Wasser

ZUBEREITUNG

Mischen Sie Natron und Zimt in einer kleinen Schüssel und geben Sie das Wasser dazu, um eine Paste herzustellen. Anwendung: Geben Sie die Paste auf Ihre Zahnbürste und putzen Sie wie gewohnt.

Ergibt 120 ml.

Erdbeer-Zahnweiß-Behandlung

Diese Rezeptur sorgt für strahlend weiße Zähne.

ZUTATEN

3 große Erdbeeren
2 TL Natron
½ TL Weinstein
235 ml destilliertes Wasser
¼ TL Salz

ZUBEREITUNG

Pürieren Sie die Erdbeeren. Mischen Sie Natron und Weinstein in einer kleinen Schüssel und geben Sie etwas Wasser dazu, um eine Paste herzustellen. Mischen Sie das restliche Wasser in einem Glas mit dem Salz.

Anwendung: Geben Sie mit der Zahnbürste das Erdbeerpüree auf die Zähne und lassen Sie es 5 Minuten lang einwirken. Tragen Sie dann die Paste auf die Zähne auf und spülen Sie alles mit dem Salzwasser ab. Höchstens einmal pro Woche anwenden.

Die Menge reicht für eine Behandlung.

Mundwasser

Beide Rezepturen erfrischen und reinigen. Der enthaltene Alkohol tötet Bakterien und sorgt somit auch für gute Haltbarkeit – Sie können also eine größere Menge Mundwasser herstellen.

Apfel-Nelken-Mundwasser

Gewürznelken wirken antiseptisch und töten Bakterien. Außerdem helfen sie bei Zahnschmerzen.

ZUTATEN

60 ml Wodka
120 ml destilliertes Wasser
15 Tropfen Gewürznelkenöl
10 Tropfen Minzöl
1 TL Bio-Apfelsaft ohne Zuckerzusatz

ZUBEREITUNG

Mischen Sie alle Zutaten in einem sterilen Behältnis.

Anwendung: Spülen Sie mit 2 EL Mundwasser etwa 30 Sekunden lang.

Ergibt 180 ml.

Zimt-Teebaum-Mundspülung

Diese Spülung kann mit einem Wattebausch direkt auf den betroffenen Zahn aufgetragen werden. Die Rezeptur wirkt gegen Bakterien und Zahnschmerzen.

ZUTATEN

1 Zimtstange
1 EL ganze Nelken
235 ml Wodka
5 Tropfen Teebaumöl

ZUBEREITUNG

Stellen Sie aus dem Zimt, den Nelken und dem Wodka eine Tinktur her (siehe Seite 56). Geben Sie dann das Teebaumöl dazu und gießen Sie alles in ein sauberes, verschließbares Behältnis.

Anwendung: Spülen Sie mit 2 EL Spülung etwa 30 Sekunden lang oder tragen Sie die Spülung mit einem Wattebausch direkt auf den betroffenen Zahn auf.

Ergibt 235 ml.

SEAL

> KAPITEL 6 <

Haarpflege-Rezepte

Haar und Kopfhaut sind für Gesundheit und Wohlbefinden sehr wichtig und sollten daher immer gut gepflegt werden. In diesem Kapitel erhalten Sie einen Einstieg in optimale Haarpflege und lernen, alle dafür nötigen Produkte selbst herzustellen.

KÜCHEN-KUREN

In Ihrer Küche finden Sie einiges, was Ihrem Haar gut tut:

* **Apfelessig:** Sorgt für Glanz und gesunde Kopfhaut.
* **Avocado-Öl:** Enthält viele Proteine, pflegt das Haar und entwirrt Locken.
* **Bier:** Die enthaltene Hefe schenkt feinem Haar Volumen.
* **Eier:** Reich an Fetten und Proteinen. Eier schenken Feuchtigkeit und entfernen überschüssiges Fett.
* **Honig:** Schenkt Feuchtigkeit und repariert geschädigtes Haar.
* **Rosmarin:** Ein Rosmarinaufguss eignet sich für trockenes Haar und trockene Kopfhaut.
* **Jogurt oder saure Sahne:** Milchsäure bringt mattes Haar zum Glänzen, entfernt Rückstände und sorgt für Glanz.

Die Grundlagen der Haarpflege

Unser Haar ist täglich enormen Beanspruchungen ausgesetzt. Schädigende Umwelteinflüsse, chemische Behandlungen und Beanspruchungen durch heiße Föhnluft hinterlassen ihre Spuren – kein Wunder, dass wir immer auf der Suche nach Wundermitteln für unsere Haare sind. Allerdings muss ich Sie enttäuschen: Es gibt kein Wundermittel, dass alle Ihre Haarprobleme auf einmal löst. Je länger das Haar wächst, desto anfälliger wird es für Trockenheit und Haarbruch. Es ist kein lebender Bestandteil mehr, sondern lediglich ein Protein. Die Kopfhaut produziert jedoch auf natürliche Weise Öle und Fette und mit gesunder Ernährung und guter Pflege lässt sich auch das Haar leicht kämmbar und gesund halten. Um das Haar optimal pflegen zu können, sollten Sie wissen, auf welche Dinge Sie aktiv Einfluss nehmen können. Ein gutes Haarpflegeprogramm besteht aus Shampoo, Spülung und einer wöchentlichen Intensivpflege. Lassen Sie uns zunächst das Thema Shampoo betrachten.

Obwohl regelmäßiges Haarewaschen auch für gesunde Kopfhaut wichtig ist, ist es ein Irrglaube, dass Sie Ihre Haare jeden Tag waschen sollten. Je nach Haartyp sollten Sie versuchen, die Zeiten zwischen dem Waschen etwas zu strecken. Die Erklärung dafür ist denkbar einfach: Unsere Kopfhaut ist sozusagen die Verlängerung der Gesichtshaut und somit Teil des größten Organs, das wir bereits besprochen haben. Je mehr diese Haut gewaschen wird, desto trockener wird sie – genau wie die Gesichtshaut. Als natürliche Abwehrreaktion produziert die Kopfhaut dann mehr Öle.

Der wichtigste Teil Ihres Haarpflegerituals ist also ein gutes Shampoo, das nicht austrocknet. Auch die besten Spülungen und Kurpackungen nützen wenig, wenn das falsche Shampoo verwendet wird. Je weniger schädliche Sulfate und Chemikalien ein Shampoo enthält, desto weniger wird es Haar und Kopfhaut angreifen und je weniger häufig Sie sich die Haare waschen, desto weniger Öle werden von der Kopfhaut produziert. Gerade wenn Sie feines Haar haben, reagieren Sie vielleicht mit Skepsis auf diesen Ratschlag, doch ich kann Sie beruhigen: Ein sanftes, sulfatfreies Feuchtigkeitsshampoo, das sie jeden Tag anwenden, kann übermäßiger Fettproduktion entgegenwirken. Der Regenerationsprozess kann nach jahrelanger Austrocknung und Überproduktion allerdings mehrere Wochen bis zu einem Monat dauern. Zwischendurch können Sie ruhigen Gewissens ein Trockenshampoo anwenden, um überschüssige Öle zu binden und das Haar zu erfrischen. Wenn es wirklich nicht anders geht, waschen Sie das Haar einfach ohne Shampoo mit klarem Wasser. Verzichten Sie danach allerdings auf Föhn oder Glätteisen.

Die Wahl des richtigen Shampoos ist entscheidend für gesundes Haar, aber auch zur richtigen Anwendung gibt es einiges zu beachten. Tragen Sie das Shampoo nur auf den Ansatz auf – die splissanfälligen Haarspitzen sollten Sie nicht shampoonieren, da sie beim Ausspülen ausreichend gereinigt werden. Ein weiterer Irrglaube ist, dass nur ein stark schäumendes Shampoo gut reinigt.

Trockenes Haar	Normales Haar	Fettiges Haar	Für mehr Glanz	Hilfe bei Schuppen	Feines, dünnes Haar
Avocado-Öl, Holunderblüte, Schafgarbe, Kamille, Beinwell (Wurzel)	Acker-schachtelhalm, Löwenzahn, Gewürznelke	Brunnenkresse, Zitronengras, Weiße Weide (Rinde), Muskatellersalbei	Apfelessig Essig, Ei, Brennnessel, Himbeere	Essig, Weiße Weide (Rinde), Brennnessel, Pfefferminze, Brunnenkresse	Essig, Brennnessel, Salbei, Basilikum, Rosmarin, Süßholz

Shampoos (und auch alle anderen Reiniger und Seifen) enthalten fettliebende (lipophile) und wasserliebende (hydrophile) Komponenten. Der fettliebende Teil verbindet sich mit Schmutz und Öl im Haar, während sich der wasserliebende Teil beim Abspülen mit dem Wasser verbindet. Diese Bewegung beider Komponenten ergibt den Schaum, welcher allerdings für den Reinigungsprozess nicht so wichtig ist, wie oft angenommen wird.

Eine gute Spülung gehört unbedingt in Ihr Haarpflege-Programm. Da das Haar je nach Länge hauptsächlich aus abgestorbenen Proteinen besteht, ist ausreichende Feuchtigkeitszufuhr ein Muss. Sie sollten nach jeder Wäsche eine Feuchtigkeitsspülung verwendenden, die das Haar nicht beschwert. Ebenso wie die wöchentliche Pflegekur sollte die Spülung nur in die Haarlängen und Spitzen gegeben werden, damit die Kopfhaut nicht fettig und das Haar nicht beschwert wird.

Ein weiterer Irrglaube ist, dass sich kaputte Spitzen reparieren lassen. Dies ist leider nicht möglich, egal, was ein Produkt versprechen mag. Es ist lediglich möglich, den Schaden zu überdecken oder fliegende Haare zu bändigen. Die meisten konventionellen Haarpflegeprodukte stecken voller Silikone, die sich im Haar ansammeln und dieses mit der Zeit immer mehr schädigen (abgesehen von gesundheitlichen Risiken und Umweltschäden). Wenn Spliss einmal in den Haarspitzen steckt, können diese sich nicht regenerieren. Regelmäßiges Spitzenschneiden hält Ihre Haare dagegen gesund und lässt sie immer gepflegt aussehen. Und zum Schluss ein letzter Mythos: Es stimmt nicht, dass Sie Ihr Shampoo öfter wechseln müssen, damit sich das Harr nicht daran gewöhnt. Solange Sie ein gutes Shampoo verwenden, das zu Ihrem Haartyp passt, ist ein Wechsel nicht nötig.

Shampoos und Spülungen

Wenn Sie Shampoos selbst herstellen, haben Sie den großen Vorteil, die Inhaltsstoffe ganz auf die Bedürfnisse Ihres Haares abstimmen zu können. Sollten Sie fettiges Haar haben, verwenden Sie ein ölregulierendes Shampoo. Bei trockenem Haar verwenden Sie Shampoos, die mit feuchtigkeitsspendenden Ölen reinigen.

Shampoo Grundrezept

Diese einfache Rezeptur wird mit flüssiger Olivenölseife zubereitet und kann individuell auf Ihren Haartyp abgestimmt werden.

ZUTATEN

60 ml Kräuteraufguss für Ihren Haartyp (siehe Seite 127)
120 ml flüssige Olivenölseife
30 ml Aloe-Vera-Saft
5 Tropfen Traubenkern-Extrakt
10 Tropfen ätherisches Öl für Ihren Haartyp (siehe Seite 127)

ZUBEREITUNG

Nachdem Sie den Aufguss zubereitet haben (siehe Seite 53) geben Sie die restlichen Zutaten dazu, mischen alles gut und füllen das Shampoo in eine sterile Flasche.

Anwendung: Haare wie gewohnt waschen und ausspülen, dann eine Spülung verwenden.

Ergibt 180 ml.

Erfrischendes Shampoo

Diese Rezeptur eignet sich für fettiges Haar, trockene Kopfhaut und zum Entfernen von Produktrückständen

ZUTATEN

1½ TL Lavendel, getrocknet
1½ TL Rosmarin, getrocknet
1½ TL Basilikum, getrocknet
120 ml destilliertes Wasser
235 ml flüssige Olivenölseife
60 ml Apfelessig
30 ml Jojobaöl
5 Tropfen Zitronenöl
5 Tropfen Thymianöl
2 Tropfen Zypressenöl

ZUBEREITUNG

Stellen Sie aus den Kräutern und dem Wasser einen Aufguss zu (siehe Seite 53). Mischen Sie die restlichen Zutaten in einem separaten Behältnis, geben Sie 120 ml des Aufgusses dazu und mischen Sie alles gut. Füllen Sie das Shampoo in eine sterile Flasche.

Anwendung: Haare wie gewohnt waschen und ausspülen, dann eine Spülung verwenden.

Ergibt 470 ml.

Anti-Schuppen-Spülung

Diese Spülung beruhigt trockene, juckende Kopfhaut und kann zweimal pro Woche verwendet werden, um Schuppen zu reduzieren.

ZUTATEN

1½ TL frisches Zitronengras
1½ TL Pfefferminze
1½ TL Ackerschachtelhalm
1½ TL Brennnesseln
1½ TL Rosmarin
1½ TL Teebaumblätter
470 ml destilliertes Wasser
60 ml Apfelessig

ZUBEREITUNG

Stellen Sie aus den Kräutern und dem Wasser einen Aufguss her (siehe Seite 53) und geben Sie den Apfelessig dazu. Füllen Sie die Spülung in eine sterile Flasche.

Anwendung: Nach dem Waschen auf das Haar geben und etwa eine Minute einwirken lassen und ausspülen. Danach eine Pflege verwenden. Mindestens zweimal pro Woche anwenden, bis sich die Symptome verbessern.

Ergibt 470 ml.

Erfrischende Spülung

Diese Spülung erfrischt Haar und Kopfhaut. Sie ist einfach herzustellen und kann entweder mit Pfefferminztee oder einem Aufguss aus frischen Pfefferminzblättern hergestellt werden. Die Spülung verbannt kalten Rauch und andere Gerüche aus dem Haar.

ZUTATEN

235 ml Pfefferminzaufguss (siehe Seite 53)
30 ml Apfelessig

ZUBEREITUNG

Mischen Sie Kräuteraufguss und Apfelessig und gießen Sie die Mischung in eine sterile Flasche.

Anwendung: Nach dem Waschen auf das Haar geben und etwa eine Minute einwirken lassen und ausspülen. Danach eine Pflege verwenden.

Ergibt 235 ml.

Trockenshampoo

Dieses Shampoo ist eine gute Reinigungsalternative, wenn es einmal schnell gehen muss. Kann zur Erfrischung auch zwischen zwei Haarwäschen angewendet werden.

ZUTATEN

120 g Reismehl

56 g Natron

30 g Orangenschale, gemahlen

5 Tropfen Patschuliöl

Ergibt 200 g.

ZUBEREITUNG

Mischen Sie Mehl, Natron und Orangenschale in einer Schüssel. Geben Sie unter Rühren nach und nach die ätherischen Öle zu, bis alles gut vermischt ist und füllen Sie die Mischung in eine sterile Flasche.

Anwendung: Streuen Sie das Pulver über das Haar und massieren Sie es in die Kopfhaut ein.

Kuren und Haaröle

Haarkuren sorgen dafür, dass Ihr Haar gesund und glänzend aussieht, indem Sie die beim Waschen verlorenen Öle ersetzen. Allerdings kann ein Zuviel an Pflege Ihre Haare stumpf und schwer werden lassen – wenden Sie Haarkuren also nicht zu häufig an. Die folgenden Rezepturen pflegen Ihr Haar, ohne es zu beschweren und sollten ein bis zweimal pro Woche angewendet werden, um Rückstände zu vermeiden.

Haarmaske

Natürliche Öle versorgen sehr trockenes, brüchiges Haar mit Feuchtigkeit und sorgen für neuen Glanz und Geschmeidigkeit.

ZUTATEN

15 ml Jojobaöl
1 TL Mandelöl
1 TL Avocado-Öl
1 TL Olivenöl
1 Eiweiß
1 EL Honig

ZUBEREITUNG

Mischen Sie alle Zutaten gut.

Anwendung: Auf das feuchte Haar auftragen und gut einmassieren. Am besten eine Duschhaube aufsetzen und 20 Minuten einwirken lassen. Danach abspülen und Haare wie gewohnt waschen und eine Spülung verwenden.

Ergibt: 1 Haarmaske.

Pflegeöl ohne Ausspülen

Dieses Pflegeöl ist hervorragend für sehr trockenes, angegriffenes Haar geeignet. Es spendet Feuchtigkeit, sorgt für gute Kämmbarkeit und Glanz und bändigt fliegende Strähnchen. Außerdem lässt es das Haar wunderbar duften.

ZUTATEN

30 ml Avocado-Öl
30 ml Jojobaöl
½ TL Kokosöl
3 Tropfen Pelargonienöl
3 Tropfen Lavendelöl
3 Tropfen Rosmarinöl

ZUBEREITUNG

Erwärmen Sie das Avocado-, Jojoba- und Kokosöl auf kleiner Flamme im Wasserbad und vermischen Sie die Öle gut miteinander. Nehmen Sie den Topf vom Herd und lassen Sie die Mischung etwas abkühlen, bevor Sie die ätherischen Öle dazugeben. In einem sauberen Behältnis kann das Öl hitze- und lichtgeschützt 3-4 Monate aufbewahrt werden.

Anwendung: Eine kleine Menge auf die Fingerspitzen geben und sanft in die Kopfhaut einmassieren. Dann einige Tropfen in die Längen und Spitzen massieren. Je trockener und widerspenstiger Ihr Haar ist, desto mehr Öl sollten Sie verwenden – für die meisten Haartypen sind jedoch einige Tropfen ausreichend. Auf trockenem oder nassem Haar anwenden.

Ergibt 60 ml.

Feuchtigkeits-Pflegeöl

Dieses feuchtigkeitsspendende Pflegeöl macht das Haar weich und glänzend und sorgt für gute Kämmbarkeit. Sie können die Rezeptur auf Ihr Haar abstimmen, indem Sie die ätherischen Öle variieren. Behandeln Sie fettiges Haar, dünnes, feines Haar oder Schuppen mit der folgenden Zubereitungsanleitung.

ZUTATEN

60 ml Avocado-Öl
60 ml Olivenöl
60 ml Brokkolikernöl
60 ml Wassermelonenkernöl
5 Tropfen Rosmarinöl
5 Tropfen Kamillenöl
5 Tropfen Lavendelöl

Für fettiges Haar:
Jeweils 5 Tropfen Zitronenmelissenöl, Zitronengrasöl, Rosmarinöl und Teebaumöl.

Gegen Schuppen:
Jeweils 5 Tropfen Basilikumöl, Zedernholzöl, Wacholderöl, Patschuliöl, Teebaumöl und Thymianöl.

Für feines, dünnes Haar:
Jeweils 5 Tropfen Zedernholzöl, Pelargonienöl, Grapefruitöl, Wacholderöl, Neroliöl, Rosmarinöl und Thymianöl.

ZUBEREITUNG

Mischen Sie alle Zutaten gut und geben Sie die Mischung in ein steriles Behältnis. Sie können auch die Mengenangaben im Rezept verdoppeln – das Pflegeöl hält sich bis zu 3 Monate lang, wenn Sie es licht- und wärmegeschützt aufbewahren.

Anwendung: Eine kleine Menge mit den Fingerspitzen in das feuchte Haar einmassieren – arbeiten Sie sich dabei von der Kopfhaut in die Spitzen vor. Danach langes Haar hochstecken und mindestens 20 Minuten einwirken lassen. Wärmeeinwirkung intensiviert das Pflegeergebnis.

Anwendung als Behandlung für die Kopfhaut: Einige Tropfen mit den Fingerspitzen in die Kopfhaut einmassieren. Regt die Blutzirkulation und das Haarwachstum an. Für noch bessere Ergebnisse lassen Sie das Öl über Nacht einwirken.

Ergibt 235 ml.

NATÜRLICHE FARBSPÜLUNGEN

Kräuteraufgüsse können die natürliche oder kolorierte Haarfarbe intensivieren. Wenn Sie Ihre Haarfarbe auffrischen möchten, mischen Sie einfach die folgenden Kräuteraufgüsse mit Ihrem Shampoo. Sie können die Kräuterauswahl beliebig kombinieren oder einzeln verwenden – blaue Malve wirkt beispielsweise in blondem und grauem Haar gegen unerwünschten Gelbstich.

Blondes Haar	Blaue Malve, Ringelblumen, Kamille, Zitronenschale
Rotes Haar	Ringelblumen, Zimt, Hibiskus
Dunkles Haar	Schwarzer Tee, Zimt, Gewürznelken, getrockneter Rosmarin
Graues Haar	Blaue Malve, Rosmarin, Salbei, Thymian

> KAPITEL 7 <

Rezepte für den Haushalt

Für unser Wohlbefinden sind die Produkte, die wir im Haushalt verwenden, genauso wichtig wie die richtige Körper- und Haarpflege. Die Verwendung giftiger Reiniger und Pestizide kann sich negativ auf Ihre Gesundheit und die Umwelt auswirken. Achten Sie darauf, auch im Haushalt nur Substanzen zu verwenden, die Ihre Gesundheit und Ihr Wohlbefinden fördern. In diesem Kapitel finden Sie Anregungen für Aromatherapie und für natürliche Alternativen zu konventionellen Reinigungsprodukten.

KÜCHEN-KUREN

Hier sind einige schnelle Rezepte aus Zutaten, die Sie in Ihrer Küche finden:

- **Zitrone:** Verwenden Sie Zitrone zum Polieren von Chrom.
- **Grapefruit-, Zitronen- und Orangenscheiben:** In einem Topf mit Wasser etwa eine Stunde lang köcheln. So haben Sie einen erfrischenden Raumduft und reinigen Aluminiumtöpfe effektiv.
- **Essig:** Geben Sie beim Wäschewaschen etwas Essig dazu – so wird Ihre Kleidung effektiver gereinigt und von Gerüchen befreit.

Aromatherapie verwendet reine ätherische Öle, um zu heilen und das Wohlbefinden zu steigern. Die menschliche Nase kann über 10.000 verschiedene Gerüche unterscheiden. Der Geruchssinn kann Erinnerungen wecken, hilft uns bei der Partnerwahl, entscheidet, welche Lebensmittel wir mögen und beeinflusst unsere Stimmung. Da Düfte in unserem Körper eine Reihe chemischer Reaktionen auslösen, kann Aromatherapie sehr effektiv Gesundheit und Wohlbefinden steigern.

In den letzten Kapiteln habe ich Ihnen bereits einige Anwendungsmöglichkeiten der Aromatherapie gezeigt. Zusätzlich zur Anwendung auf dem Körper können Sie die ätherischen Öle zerstäuben und so als Raumduft verwenden. Hierfür gibt es Zerstäuber und spezielle Duftringe. Alternativ können die Öle in eine Schüssel mit Wasser gegeben werden, die Sie dann in den Schlaf- oder Wohnraum stellen. Hier finden Sie eine Liste ätherischer Öle, die sich zur Aromatherapie eignen. Detaillierte Informationen finden Sie in Kapitel 2.

Beruhigend und entspannend:
Basilikum, Bergamotte, Kamille, Pelargonien, Jasmin, Lavendel, Zitronengras, Neroli, Ravensara, Rosenholz , Sandelholz, Ylang-Ylang

****

Depressionen:
Anis, Bergamotte, Kamille, Zimt, Muskatellersalbei, Zypresse, Pelargonien, Grapefruit, Wacholder, Lavendel, Zitrone, Neroli, Patschuli, Pfefferminze, Rosmarin

****

Anti-Stress:
Arznei-Engelwurz, Basilikum, Zedernholz, Kamille, Zypresse, Pelargonien, Jasmin, Lavendel, Zitrone, Neroli, Petitgrain, Rose, Ylang-Ylang

****

Erfrischend und stimmungsaufhellend:
Muskatellersalbei, Zypresse, Eukalyptus, Grapefruit, Wacholder, Zitrone, Limette, Mandarine, Pfefferminze, Ylang-Ylang

****

Übelkeit:
Basilikum, Kamille, Dill, Ingwer, Lavendel, Zitrone, Pfefferminze

****

Kater:
Zedernholz, Grapefruit, Wacholder, Lavendel, Zitrone, Rosmarin

Reinigungsmittel

Im Handel finden Sie zahlreiche chemische Reinigungsprodukte, die ein sauberes, frisch duftendes zu Hause versprechen. Allerdings sind die enthaltenen Stoffe oft schädlich, greifen empfindliche Oberflächen (und unsere Haut) an und verschmutzen die Umwelt. Die Natur hält für uns viele ungiftige Alternativen bereit, um ohne schädliche Nebenwirkungen putzen zu können.

Küchenreiniger

Sie brauchen weder chemische Scheuerstoffe noch Chlor – Natron und Essig entfernen fast alle Flecken und desinfizieren gleichzeitig.

ZUTATEN

112 g Natron
60 ml Branntweinessig
5 Tropfen Limettenöl
5 Tropfen Zitronenöl

ZUBEREITUNG

Mischen Sie alle Zutaten in einer Schüssel.

Anwendung: Reiniger auf Schwamm oder Putztuch geben und die zu reinigende Fläche damit scheuern.

Ergibt 170 g.

Desinfizierender Haushaltsreiniger

Dieser Reiniger kann Ihnen besonders in der Grippesaison gute Dienste leisten. Füllen Sie ihn am besten in eine Sprühflasche und verwenden Sie ihn als Allzweck-Reiniger.

ZUTATEN

235 ml Branntweinessig
470 ml destilliertes Wasser
20 Tropfen Zitronenöl
20 Tropfen Eukalyptusöl
10 Tropfen Teebaumöl

ZUBEREITUNG

Mischen Sie alle Zutaten in einer Sprühflasche.

Anwendung: Direkt auf die zu reinigende Fläche aufsprühen und mit Küchenkrepp oder einem Schwamm nachwischen. Für eine gründlichere Reinigung vor dem Abwischen mindestens eine Minute einwirken lassen.

Ergibt 705 ml.

Teppich-Deo

Besonders für Haushalte mit Tieren geeignet. Diese Rezeptur erfrischt Ihren Teppich und Staubsauger und wirkt dabei als angenehmer Raumduft.

ZUTATEN

15 Tropfen Elemi-Öl
15 Tropfen Pelargonienöl
15 Tropfen Pfefferminzöl
675 g Natron

ZUBEREITUNG

Mischen Sie in einer Schüssel vorsichtig das Natron und die ätherischen Öle. Füllen Sie die Mischung in eine verschließbare Streudose oder verwenden Sie einen Schaumlöffel zum Auftragen.

Anwendung: Direkt auf den Teppich streuen, etwa eine Stunde einwirken lassen und dann absaugen.

Ergibt 675 g.

Schimmelentferner

Verwenden Sie diesen Reiniger für Ecken und Nischen, die zu Schimmelpilzbefall neigen. Auch zur Reinigung von Bad und Terrakotta-Töpfen geeignet.

ZUTATEN

77 g frischer oder 43 g getrockneter Thymian
588–822 ml Wasser
10 Tropfen Patschuliöl
10 Tropfen Zimtöl
10 Tropfen Teebaumöl
10 Tropfen Niaouli-Öl

ZUBEREITUNG

Stellen Sie aus dem Thymian und Wasser einen Aufguss her (siehe Seite 53). Lassen Sie den Aufguss etwas abkühlen und geben Sie die ätherischen Öle dazu. Füllen Sie die Mischung in ein verschließbares Behältnis.

Anwendung: Schwamm oder Putztuch mit dem Reiniger befeuchten, schimmelanfällige Stellen damit reinigen und trocknen lassen.

Ergibt 588–822 ml.

Insektenabwehr

Herkömmliche Insektizide schaden unserer Gesundheit und der Natur. Mit ätherischen Ölen lassen sich unschädliche Alternativen herstellen, die gut wirken und dazu angenehm duften.

Fliegenabwehr

Diese einfache Rezeptur vertreibt Fliegen wirkungsvoll.

ZUTATEN

235 ml Wasser

30 Tropfen Pfefferminzöl

ZUBEREITUNG

Mischen Sie die beiden Zutaten in einer Sprühflasche.

Anwendung: Sprühen Sie das Mittel in der Nähe von Türen, Fenstern, Küchenarbeitsplatte und anderen Orten, die Fliegen anziehen, auf.

Ergibt 235 ml.

Mottenstopp

Diese Rezeptur wehrt Motten ab und lässt Ihre Wäsche angenehm duften.

ZUTATEN

355 ml Wasser

10 Tropfen Minzöl

10 Tropfen Lavendelöl

10 Tropfen Zitronengrasöl

10 Tropfen Zedernholzöl

10 Tropfen Gewürznelkenöl

10 Tropfen Rosmarinöl

ZUBEREITUNG

Mischen Sie alle Zutaten in einem verschließbaren Behältnis. Schneiden Sie einen saugfähigen Stoff (beispielsweise ein Baumwolltuch, alte Stoffservietten oder Küchenhandtücher) in kleine Quadrate. Tauchen Sie die Stoffabschnitte in die Mischung und hängen Sie sie zum Trocknen auf eine Wäscheleine oder über die Duschstange. Nach dem Trocknen sind die Stoffquadrate einsatzbereit.

Anwendung: In Kleiderschrank und Kommodenfächer legen, um Motten fernzuhalten. Bei Bedarf die Tücher wieder in der Mischung tränken.

Ergibt 355 ml.

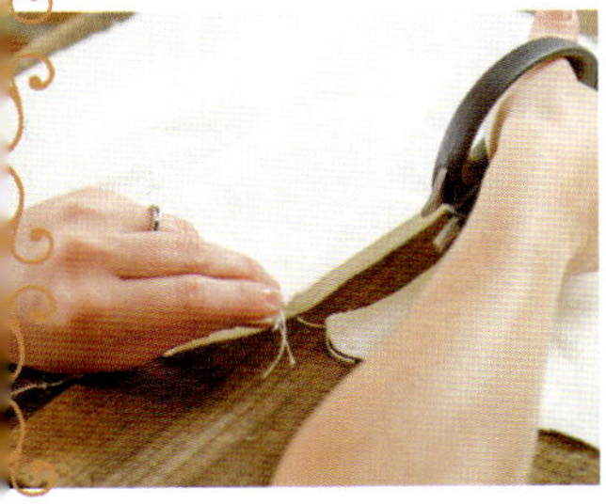

Chatillon
TEMPERATURE COMPENSATED SPRINGS
TO SET ZERO TURN SCREW AT BOTTOM OF PULL-BAR

> KAPITEL 8 <

Gesund und schön das ganze Jahr

Auf dem Wochenmarkt finden Sie viele inspirierende Ideen für natürliche Kosmetik und Wohlfühlprodukte. Obst und Gemüse sind nicht nur gesunde Nahrung, sondern können auch äußerlich sehr effektiv angewendet werden. Dieses Kapitel ist nach Jahreszeiten aufgebaut, damit Sie frische Zutaten der Saison verwenden können. In Kapitel 4 finden Sie Rezepte für Puder-Reiniger. Wie beschrieben können diese Reiniger mit diversen Befeuchtungsmitteln gemischt werden, darunter Wasser und Fruchtsaft. Hier finden Sie neue Ideen für Befeuchtungsmittel, die Sie je nach Jahreszeit auf Ihrem Wochenmarkt finden. Lassen Sie Ihrer Kreativität ruhig freien Lauf und verwenden Sie über das ganze Jahr möglichst viele heimische Produkte.

Empfindliche Haut	Trockene Haut	Normale Haut	Fettige oder zu Akne neigende Haut
Apfelsaft mit Kamille- und Rosenblütenaufguss	Cantaloupesaft mit Zitronenmelissenaufguss	Himbeersaft mit Himbeersaftaufguss	Tomatensaft mit Knoblauchaufguss

Sommer

Im Sommer gehen die meisten von uns besonders gern auf den Wochenmarkt und finden dort eine Fülle heimischer Gemüse und Kräuter. Denken Sie bei der Planung Ihres Einkaufes daran, dass sich Obst, Gemüse und Kräuter nicht nur für Ihr Abendessen, sondern auch für Ihre natürliche Hautpflege anbieten.

Anti-Aging-Maske mit Karotten

Diese Maske enthält viel Betacarotin, nährt die Haut und bringt sie zum Strahlen.

ZUTATEN

80 ml frischer Bio-Karottensaft
16 g weiße Tonerde
16 g grüne Teeblätter, gemahlen

ZUBEREITUNG

Mischen Sie in einer Schüssel alle Zutaten zu einer Paste.

Anwendung: Tragen Sie die Paste auf Gesicht und Hals auf (die Augenpartie dabei aussparen). 10 bis 15 Minuten einwirken lassen und dann mit warmem Wasser abspülen.

Ergibt 1 Maske.

Entspannungstee mit Basilikum und Zitronenmelisse

Ernten Sie diese Kräuter frisch vom Balkon oder aus dem Garten, oder besorgen Sie sie auf dem Wochenmarkt. Dieser sommerliche Tee hilft bei Magenbeschwerden und löst Anspannung und Nervosität.

ZUTATEN

1 Teil frisches Basilikum
1 Teil frische Zitronenmelisse
Honig nach Geschmack (optional)

ZUBEREITUNG

Bereiten Sie aus dem Basilikum und der Zitronenmelisse einen Aufguss zu (siehe Seite 53). Süßen Sie nach Geschmack mit Honig.

Anwendung: Nach Bedarf täglich 3 bis 4 Tassen trinken, bis Besserung eintritt.

Körperpeeling mit Ananas und Papaya

Ananas ist nicht nur lecker, sondern innerlich und äußerlich angewendet äußerst gesund. Die Frucht enthält Bromelain, ein Enzym, das sich ausgezeichnet für Körperpeelings eignet. Papaya steckt voller Antioxidantien und enthält das Enzym Papein, das beim Abtragen abgestorbener Hautzellen hilft.

ZUTATEN

40 g Ananas, gewürfelt
44 g Papaya, gewürfelt
15 ml Jojobaöl (optional, für mehr Feuchtigkeit)
2 EL grober Zucker oder grobes Totes-Meer-Salz

ZUBEREITUNG

Pürieren Sie Ananas, Papaya und Jojobaöl im Standmixer cremig. Rühren Sie den Zucker ein und gießen Sie alles in ein steriles Behältnis, das Sie anschließend im Kühlschrank aufbewahren.

Anwendung: Unter der Dusche in kreisenden Bewegungen mit einem Badeschwamm, Waschlappen oder der Handfläche über die Haut reiben und gut abspülen.

Ergibt 85 g

Gurken-Gesichtswasser

Dieses erfrischende Gesichtswasser beruhigt und strafft die Haut und hilft gegen Schwellungen.

ZUTATEN

1-2 Bio-Gurken, geschält und klein geschnitten
60 ml Hamamelis
60 ml destilliertes Wasser

Ergibt 235 ml

ZUBEREITUNG

Mixen Sie im Standmixer alle Zutaten zu einem Püree. Gießen Sie den Mix durch ein Haarsieb ab und drücken Sie mit einem Holzlöffel die Flüssigkeit aus dem Püree. Füllen Sie die Flüssigkeit in ein steriles Behältnis und lagern Sie sie im Kühlschrank.

Verwendung: Mit einem Wattebausch auftragen und danach eine Feuchtigkeitspflege verwenden. Im Sommer können Sie das Gesichtswasser in einer Sprühflasche aufbewahren und bei Bedarf als kleine Erfrischung auf das Gesicht aufsprühen..

Herbst

Wird die Luft langsam kühler? Die warmen Düfte und Aromen, nach denen wir uns im Herbst sehnen, können Sie in Peelings, Masken und anderen Pflegeprodukten ganz neu entdecken.

Kürbis-Maske

Diese einfache und doch effektive Rezeptur spendet Feuchtigkeit und strafft die Haut.

ZUTATEN

1 kleiner Kürbis, 80 g Honig

ZUBEREITUNG

Schälen und entkernen Sie den Kürbis. Schneiden Sie das Fleisch in Würfel und kochen oder dünsten Sie diese, bis sie weich werden. Pürieren Sie den Kürbis im Standmixer, geben Sie den Honig dazu und mischen Sie alles gut durch. In einem sterilen, verschließbaren Behältnis im Kühlschrank aufbewahren.

Anwendung: Tragen Sie die abgekühlte Mischung auf das Gesicht auf und lassen Sie die Maske 20 Minuten einwirken. Danach abspülen und trockentupfen.

Die Menge reicht für 3–4 Anwendungen.

Apfel-Peeling für samtweiche Haut

Dieses Peeling duftet herrlich und ist eine Wohltat für Ihre Haut. Äpfel und Aprikosen spenden Feuchtigkeit und die antimikrobiellen Eigenschaften von Honig und Gewürznelken reinigen die Haut porentief. Der braune Zucker entfernt schonend abgestorbene Hautzellen und Unreinheiten.

ZUTATEN

6 Äpfel aus Ihrer Region, am besten vom Bio-Bauern, geschält, entkernt und klein geschnitten

120 ml Aprikosenkernöl

80 g Honig

1 EL gemahlene Nelken oder 10 Tropfen Nelkenöl

1 EL frisch gepresster Orangensaft

225 g grober brauner Zucker

ZUBEREITUNG

Pürieren Sie die Äpfel mit etwas Öl im Standmixer. Gießen Sie das Püree in eine Schüssel, geben die restlichen Zutaten dazu und verrühren Sie alles. In einem sterilen, verschließbaren Behältnis im Kühlschrank aufbewahren.

Anwendung: Unter der Dusche in kreisenden Bewegungen mit einem Badeschwamm, Waschlappen oder der Handfläche über die Haut reiben und gut abspülen.

Ergibt 470 ml.

Winter

Im Winter wird es etwas schwieriger, heimische Zutaten zu finden – gleichzeitig trocknet die Haut schneller aus und ist besonders pflegebedürftig. Falls Sie im Winter keinen Wochenmarkt in Ihrer Nähe haben, kaufen Sie im Obstladen oder Supermarkt einheimisches Obst und Gemüse.

Orangenmaske für fettige Haut

Orangen enthalten viel Vitamin C, welches der Hautalterung entgegenwirkt und die Kollagenproduktion anregt. Dazu entfernen die Zitrusfrüchte überschüssigen Talg und wirken entzündungshemmend. Honig spendet Feuchtigkeit, wirkt antiseptisch und reinigt die Haut.

ZUTATEN

Saft einer frischen Orange
60 g Pfeilwurzel, gemahlen
1 TL Honig

ZUBEREITUNG

Alle Zutaten in einer Schüssel zu einer Paste vermischen.

Anwendung: Auf das Gesicht auftragen und 20 Minuten einwirken lassen. Dann mit warmem Wasser abspülen und trockentupfen.

Ergibt: 1 Maske.

Gesichtsreiniger mit Kartoffeln

Kartoffeln haben ausgezeichnete Heilkraft. Dieser Reiniger nimmt Talg auf, reinigt porentief und erfrischt die Haut.

ZUTATEN

28 g Kartoffelwürfel (mit Schale)
60 g Jogurt
1 Ei
1/2 TL Natron

ZUBEREITUNG

Pürieren Sie die Kartoffelwürfel im Standmixer mit etwas Joghurt und Ei. Geben Sie die restlichen Zutaten dazu und mixen Sie alles gut. Bewahren Sie den Reiniger im Kühlschrank auf.

Anwendung: Tragen Sie den Reiniger mit den Fingerspitzen in kreisenden Bewegungen auf. Mit warmem Wasser abspülen und danach Gesichtswasser und eine Feuchtigkeitspflege verwenden.

Reicht für 1–2 Anwendungen.

Kartoffel-Augenbehandlung

Kartoffelscheiben wirken ausgezeichnet gegen Augenringe und Schwellungen

ZUTATEN

2 rohe Kartoffelscheiben

ZUBEREITUNG

Kartoffelscheiben einfach im Liegen auf die Augen legen und 20 bis 30 Minuten wirken lassen.

Frühling

Im Frühling erwachen nicht nur wir selbst, sondern auch Kräuter, Obst und Gemüse aus dem Winterschlaf. Die Wochenmärkte füllen sich wieder und wir werden körperbewusster: Frühling ist die Zeit für bewusste Ernährung und Bewegung. Auch unsere Haut freut sich über zusätzliche Pflege, um die trockenen, grauen Spuren des Winters ablegen zu können.

Shiitake-Gesichtswasser für strahlende Haut

Pilze enthalten Kojisäure und eignen sich nicht nur für eine gesunde Ernährung, sondern auch für die Hautpflege. Kojisäure bringt die Haut zum Strahlen und wirkt gegen Sommersprossen, Narben und durch die Sonne verursachte Hautschäden.

ZUTATEN

6 Shiitake-Pilze
705 ml Wasser
1 TL pflanzliches Glycerin
4 Tropfen Lavendelöl
2 Tropfen Kamillenöl

ZUBEREITUNG

Köcheln Sie die Pilze in einem Topf auf kleiner Flamme 20 bis 30 Minuten lang. Gießen Sie das Pilzwasser durch ein Sieb in ein steriles Behältnis, geben Sie das Glycerin und die ätherischen Öle dazu, schütteln Sie die Flüssigkeit kurz durch und lassen Sie sie abkühlen. Danach im Kühlschrank aufbewahren.

Anwendung: Geben Sie das Gesichtswasser auf einen Wattebausch und wischen Sie damit sanft über das Gesicht. Danach eine Feuchtigkeitspflege verwenden.

Ergibt 470 ml.

Avocado-Haarmaske

Diese Maske verwöhnt Haar und Kopfhaut mit viel Feuchtigkeit. Das Haar wird repariert, gekräftigt und ist nach der Pflege seidig weich.

ZUTATEN

1 reife Avocado
60 ml Jojobaöl

ZUBEREITUNG

Schneiden Sie die Avocado auf, entfernen Sie den Stein, löffeln Sie das Fleisch in eine Schüssel und zerdrücken Sie es mit einer Gabel. Geben Sie das Jojobaöl dazu und mischen Sie alles gut.

Anwendung: Maske auf das feuchte Haar auftragen, langes Haar hochstecken und eine Duschhaube aufsetzen. Nach 20 Minuten ausspülen und mit einem sanften Shampoo das Haar wie gewohnt waschen.

Ergibt eine Maske.

Pflaumen-Gesichtsmaske

Die Antioxidantien der Pflaume schützen die Haut vor schädlicher UV-Strahlung. Außerdem spendet die Maske Feuchtigkeit und nimmt überschüssigen Talg auf.

ZUTATEN

6 Pflaumen
15 ml Jojobaöl

ZUBEREITUNG

Geben Sie die Pflaumen in einen Topf mit Wasser und kochen Sie sie weich. Gießen Sie die Pflaumen ab und lassen Sie sie in einer Schüssel abkühlen. Entfernen Sie dann die Haut und Steine und pürieren Sie das Fruchtfleisch mit dem Jojobaöl im Standmixer.

Anwendung: Tragen Sie die Maske mit den Fingerspitzen in sanft kreisenden Bewegungen auf und lassen Sie sie 15 bis 20 Minuten einwirken. Danach abspülen und eine Feuchtigkeitspflege verwenden.

Ergibt eine Maske.

> Anhang <

Kurzübersichten

Die folgenden Kurzübersichten können Ihnen helfen, die Rezepturen in diesem Buch herzustellen und anzuwenden und Ihre eigenen Rezepte zu kreieren.

ALTERNATIVE ZUTATEN

Hier finden Sie einige Ersatzmöglichkeiten, falls Sie die Zutaten in einem Rezept nicht zur Hand haben.

Zutat	Alternative
Borax	Natron
Glycerin	Honig
Lanolin	Kokosöl
Pfeilwurzel oder Reismehl	Maisstärke
Stearinsäure	Bienenwachs
Wodka	Hamamelis

DOSIERUNGSLEITFADEN

Hier finden Sie Dosierungsvorschläge für die Rezepte in diesem Buch und Ihre eigenen Kreationen. Bedenken Sie, dass die Mengen je nach Rezept und Pflanzenstoff variieren können.

Rezeptart	Empfohlene Verdünnung (variiert je nach Rezept und ätherischem Öl)
Massage-Öl	10 bis 30 Tropfen auf 30 ml Trägeröl
Kompresse	3 bis 5 Tropfen auf 60 ml Wasser
Badezusatz	5 bis 10 Tropfen im Badewasser
Zerstäuber (Aromatherapie)	3 bis 5 Tropfen auf eine kleine Schale Wasser
Gesichtsöl (Lotion) / Körperöl (Lotion)	5 bis 10 Tropfen / Anwendungsart Standarddosis für Erwachsene, 10 bis 20 Tropfen auf 30 ml Trägeröl

Aufgüsse und Tees	1 Tasse (235 ml) 3-mal täglich
Sud	1 Tasse (235 ml) 3-mal täglich
Sirup	¼ TL aller 4 Stunden, bis Besserung eintritt
Tinkturen	½ TL 3-mal täglich
Kompressen	nach Bedarf 10 bis 15 Minuten pro Anwendung (bis zu 2 Anwendungstage)
Packungen	2- bis 3-mal täglich bis zu 2 Stunden pro Anwendung (bis zu 2 Anwendungstage)
Dampfinhalation	2- bis 3-mal täglich bis zu 10 Minuten pro Anwendung

Glossar

Adstringent:
Substanz, welche die Haut reinigt und die Porengröße minimiert.

Alchemie:
Frühe Form der Chemie, die sich mit Goldsynthese, Heilbehandlungen und Arzneimitteln beschäftigte.

Allergen:
Allergieauslösende Substanz.

Antimikrobiell:
Verhindert das Wachstum von Mikroorganismen.

Antioxidans:
Substanz, Vitamin oder Mineral, das gegen Hautalterung durch freie Radikale schützt.

Antiseptisch:
Entfernt Keime.

Aromatherapie:
Die Verwendung von Düften zur Beeinflussung von Stimmung, Gesundheit und Wohlbefinden.

Dampfdestillation:
Destillationsmethode für wärmeempfindliche Stoffe.

Dermatitis:
Entzündung der Haut.

Emulgator:
Stoff, der die Bildung einer Emulsion aus zwei Stoffen ermöglicht.

Emulsion:
Mischung aus zwei nicht ineinander löslichen Stoffen wie Wasser und Öl.

Enfleurage:
Extraktion mit Hilfe von Fetten.

Entgiftung/Entschlackung:
Ausleitung von Giftstoffen.

Extraktion:
Gewinnung von Blütenölen mit Hilfe eines Lösungsmittels.

Hormonaktiver Stoff:
Chemikalie, die körpereigene Hormone imitiert oder durcheinanderbringt; kann Erbschäden oder neurologische Schäden verursachen.

Kollagen:
Ein körpereigenes Protein zum Aufbau von Haut, Knochen, Sehnen und Knorpeln.

Kompresse:
Ein Tuch, mit welchem Druck, Wärme, Kälte, eine Packung oder ein Wirkstoff auf eine betroffene Stelle aufgebracht wird, um dort länger einwirken zu können.

Kräuteraufguss:
Durch heißes Überbrühen gewonnene Pflanzenwirkstoffe.

Lösungsmittel:
Substanz, mit der sich eine andere Substanz lösen lässt.

Mazeration:
Durch Aufquellen gewonnene Wirkstoffe.

Neurodermitis:
Hautkrankheit, die extrem trockene Haut, Ausschlag, Jucken und Brennen verursacht.

Packung:
Weicher, erwärmter Brei aus Pflanzenteilen, der auf ein Tuch aufgetragen und auf den Körper gelegt wird. Heilt Wunden, Entzündungen und Läsionen.

Peeling:
Entfernt abgestorbene Hautschüppchen von Körper und Gesichtshaut.

Salbe:
Ölige, weichmachende Substanz, die zu Therapie- oder kosmetischen Zwecken auf die Haut aufgetragen wird.

Sekundäre Pflanzenstoffe:
Pflanzensubstanzen mit medizinischen oder kosmetischen Wirkstoffen.

Sud:
Durch Auskochen gewonnene Pflanzenwirkstoffe.

Sulfat:
Salz oder Ester der Schwefelsäure; in Shampoos oft als schaumbildende Substanz verwendet.

Tinktur:
Konzentrierte Flüssigkeit aus Pflanzenwirkstoffen, die mit Alkohol, Essig oder pflanzlichem Glycerin gelöst werden.

Trägeröl:
Ein aus Pflanzen oder Nüssen gewonnenes Öl, das zur Verdünnung ätherischer Öle verwendet wird. Trägeröle eignen sich zum Auftragen direkt auf die Haut und ziehen gut ein.

Bezugsquellen

*** FÜR DEUTSCHLAND, ÖSTERREICH ***
UND DIE SCHWEIZ

www.spinnrad.de

www.cosmopura.de

www.alexmo-cosmetics.de

www.dragonspice.de

www.aliacura.de

www.allerlei-praktisches.ch

www.derma-sou.at

www.kosmetik-manufaktur.at/shop

Dank

Als allererstes möchte ich meinem wunderbaren Ehemann für seine stetige Unterstützung und Ermutigung danken. Hätte er nicht an meine Ideen und Träume geglaubt und sich dazu ständig als Versuchskaninchen zur Verfügung gestellt, hätte ich nie erreichen können, was ich heute erreicht habe. Du bist mein Fels in der Brandung – danke!

Jacsen, du hast mich bei der Entstehung diese Buches auf Schritt und Tritt begleitet. Danke, dass du so ein guter Sohn bist!

Ich danke meiner Familie, Jennifer und Fergal, deren Großzügigkeit und Zuspruch mir so viel ermöglicht hat. Mom, danke, dass du in all den Jahren alle meine Vorhaben unterstützt hast. Elaine, danke für deine Zeit und dein schönes Gesicht.

An meine Lektorin Tiffany: Danke für deine Hilfe, Unterstützung, Ratschläge und deine endlose Geduld bei der Entstehung dieses Buches. Mit dir zu arbeiten war eine Freude!

An Natalie und Kira: Ohne eure harte Arbeit, Geduld und Loyalität hätte ich mein Geschäft schließen müssen, während ich dieses Buch geschrieben habe! Ihr seid wirklich die Besten und ich bin jeden Tag dankbar, euch beide zu haben.

Über die Autorin

Stacey Dugliss-Wesselman wuchs im US-Bundesstaat New York auf dem Lande auf und begann schon als Kind, ihre eigenen Heilmittel zu mixen. Ihr Interesse an Biologie, Chemie und natürlichen Heilmitteln blieb bis ins Erwachsenenalter erhalten, wo sie sich zunächst einer Karriere als Krankenschwester und dann als Kosmetikerin widmete. Während Sie in Brooklyn, New York, als Stylistin arbeitete, begann sie für ihre Kunden eigene Rezepturen zu entwerfen. Nach viel positivem Zuspruch durch Freunde und Familie gründete sie mit ihrer eigenen Produktlinie schließlich die Firma Cold Spring Apothecary.

Angeregt durch ihre Allergie auf aggressive Parabene und Sulfate in konventionellen Kosmetikprodukten kreierte sie zunächst ihre eigenen Shampoos, die heute Bestseller sind. Ihre Leidenschaft für natürliche Inhaltsstoffe trieb sie dazu an, eine ganze Haarpflegelinie zu entwickeln. Bis heute wächst die Anzahl ihrer Produkte stetig an und beinhaltet mittlerweile auch Körper- und Gesichtspflege sowie Wohlfühlprodukte für den Haushalt. Stacey setzt sich stets dafür ein, Verbraucher optimal zu informieren.

Register